令和6年度予算と財政の現状

Ⅰ　令和6年度予算

1　予算編成の前提となる経済情勢及び財政事情（資料1）

(1)　経済情勢

令和5年度の我が国経済を見ると，コロナ禍の3年間を乗り越え，改善しつつある。30年ぶりとなる高水準の賃上げや企業の高い投資意欲など，経済には前向きな動きが見られ，デフレから脱却し，経済の新たなステージに移行する千載一遇のチャンスを迎えている。他方，賃金上昇は輸入価格の上昇を起点とする物価上昇に追い付いていない。個人消費や設備投資は，依然として力強さを欠いている。これを放置すれば，再びデフレに戻るリスクがあり，また，潜在成長率が0％台の低い水準で推移しているという課題もある。このため，政府は，デフレ脱却のための一時的な措置として国民の可処分所得を下支えするとともに，構造的賃上げに向けた供給力の強化を図るため，「デフレ完全脱却のための総合経済対策」（令和5年11月2日閣議決定。以下「総合経済対策」という。）を策定した。その裏付けとなる令和5年度補正予算を迅速かつ着実に執行するなど，当面の経済財政運営に万全を期す。また，令和6年能登半島地震の被災者への生活支援及び被災地の復旧・復興を迅速に進める。こうした中，令和5年度の我が国経済については，実質国内総生産（実質GDP）成長率は1.6％程度，名目国内総生産（名目GDP）成長率は5.5％程度，消費者物価（総合）は3.0％程度の上昇率になると見込まれる。

令和6年度については，総合経済対策の進捗に伴い，官民連携した賃上げを始めとする所得環境の改善や企業の設備投資意欲の後押し等が相まって，民間需要主導の経済成長が実現することが期待される。令和6年度の実質GDP成長率は1.3％程度，名目GDP成長率は3.0％程度，消費者物価（総合）は2.5％程度の上昇率になると見込まれる。ただし，海外景気の下振れリスクや物価動向に関する不確実性が存在すること，令和6年能登半島地震の影響，金融資本市場の変動の影響等には，十分注意する必要がある。

(2)　財政事情

我が国財政は，債務残高対GDP比が主要国の中で最悪の水準にある。高齢化の進行等に伴う社会保障関係費の増加等の構造的な課題に直面しており，加えて，これまでの新型コロナウイルス感染症や物価高騰等への対応に係る累次の補正予算の編成等により，一層厳しさを増す状況にある。こうした中，「経済財政運営と改革の基本方針2023」（5年6月16日閣議決定。以下「骨太方針2023」という。）等に沿った取組を着実に進めていく必要がある。

2　令和6年度予算の成立の経緯

令和6年度予算の編成作業については，骨太方針2023を基に進められた。まず，「令和6年度予算の概算要求に当たっての基本的な方針について」が令和5年7月25日に閣議了解され，これを踏まえ令和5年8月末までに各省庁から概算要求書が提出された。

そして，令和5年12月8日に閣議決定された「令和6年度予算編成の基本方針」の中では，令和6年度予算は，基本方針における基本的考え方及び骨太方針2023に沿って，足下の物価高に対応しつつ，持続的で構造的な賃上げや，デフレからの完全脱却と民需主導の持続的な成長の実現に向け，人への投資，科学技術の振興及びイノベーションの促進，GX，DX，半導体・AI等の分野での国内投資の促進，海洋，宇宙等のフロンティアの開拓，スタートアップへの支援，少子化対策・こども政策の抜本強化を含む包摂社会の実現など，新しい資本主義の実現に向けた取組の加速や，防災・減災，国土強靱化など，国民の安全・安心の確保，防衛力の抜本的強化を含む外交・安全保障環境の変化への対応を始めとする重要な政策課題について，必要な予算措置を講ずるなど，メリハリの効いた予算編成を行うこと，その際，骨太方針2023で示された「本方針，骨太方針2022及び骨太方針2021に基づき，経済・財政一体改革を着実に推進する。ただし，重要な政策の選択肢をせばめることがあってはならない」との方針を踏まえること，歳出の中身をより結果につながる効果的なものとするため，骨太方針2023を踏まえ，新経済・財政再生計画の改革工程表を改定し，EBPMやPDCAの取組を推進し，効果的・効率的な支出（ワイズスペンディング）を徹底すること等が確認された。

各省予算の主要項目に係る大臣折衝を経て，令和5年12月22日に令和6年度予算政府案が閣議に提出され，概算の閣議決定が行われた。その後，令和6年能登半島地震への対応として，令和6年1月16日に概算を一部変更する閣議決定を行った上，令和6年度予算は第213回国会（常会）に提出された。令和6年3月2日に衆院院で可決された後，令和6年3月28日に参院院で可決され，同日成立した。

3　令和６年度予算の概要（資料２）

(1)　令和６年度予算のポイント

　令和６年度予算は，歴史的な転換点の中，時代の変化に応じた先送りできない課題に挑戦し，変化の流れを掴み取るための予算としている。

　まず，30年ぶりの経済の明るい兆しを経済の好循環につなげるには「物価に負けない賃上げ」の実現が必要である。医療・福祉分野において率先した賃上げ姿勢を示す観点から，診療報酬，介護報酬，障害福祉サービス等報酬改定において，現場で働く幅広い方々の処遇改善として，令和６年度にベア2.5％（医療従事者の場合定昇分を入れれば4.0％），令和７年度にベア2.0％（同3.5％）を実現するために必要な水準を措置する。賃上げ促進税制の強化とあわせ，公的価格のあり方を見直し，処遇改善加算の仕組みを拡充することで，現場で働く方々の処遇改善に構造的につながる仕組みを構築する。次に，「こども政策等」においては，少子化は我が国が直面する最大の危機であるとの認識の下，「こども未来戦略」に基づく「加速化プラン」をスピード感を持って実施する。具体的には，児童手当の抜本的拡充，高等教育費の負担軽減など経済的支援の強化とともに，幼児教育・保育の質の向上に取り組むほか，貧困・虐待防止，障害児支援など多様な支援ニーズへの対応を拡充する。加えて，今後増加が見込まれる育休給付の財政基盤強化も実現する。財源確保の取組として，改革工程に基づき，メリハリのある診療報酬改定や薬価制度の見直し，介護保険制度改革を実現する。また，デジタルを活用し，地方の活性化や公的サービスの効率化等を推進するため，デジタル田園都市国家構想交付金により，デジタル行財政改革の先行モデル的取組や，観光・農林水産業の振興等を支援する。そして，2050カーボンニュートラルに向け，官民のGX投資を促進する。「外交・安全保障」においては，我が国周辺の厳しい安全保障環境はもとより，ウクライナ侵略・中東情勢等の激動する外交環境に対応するため，外交分野において，安全保障対応や邦人保護・危機管理の基盤を大幅強化し，同時に，統合防空ミサイル防衛や機動展開能力の向上等，防衛力を着実に強化する。令和６年能登半島地震への対応としては，令和６年度においても復旧・復興のフェーズ等に応じた切れ目のない機動的な対応を確保しつつ，他の予見しがたい事態にもしっかりと備えるべく，令和６年度の一般予備費について5,000億円増額し，計１兆円を計上する。これにより，令和５年度の一般予備費の残額の活用とあわせ，一日も早い被災地の復旧・復興に向けた支援に全力を尽くすこととしている。

　同時に，「骨太方針2023」等に基づき，歳出改革の取組を実質的に継続し，歳出構造の更なる平時化を進める中で，前年度当初予算と比較して，新規国債発行を減額している（令和５年度（当初）：35.6兆円⇒令和６年度：35.4兆円）。また，行政事業レビューや予算執行調査等の反映に取り組むなど，

予算の質の向上にも努めている。

　一般歳出は67兆7,764億円であり，これに地方交付税交付金等17兆7,863億円及び国債費27兆90億円を加えた一般会計総額は，112兆5,717億円となっている。

　一方，歳入については，租税等の収入は，69兆6,080億円，その他収入は，７兆5,147億円を見込み，公債金は35兆4,490億円となっている。

(2)　一般会計の概要

〔歳出〕

（社会保障関係費）

　社会保障関係費については，令和５年度当初予算額に対して8,506億円（2.3％）増の37兆7,193億円となっている。経済・物価動向等を踏まえつつ，「経済財政運営と改革の基本方針2021」（令和３年６月18日閣議決定。以下「骨太方針2021」という。）等における「新経済・財政再生計画」で示された社会保障関係費の実質的な伸びを「高齢化による増加分に相当する伸びにおさめることを目指す」との方針に沿って計上している（年金スライド分を除く高齢化による増3,700億円程度，年金スライド分の増3,500億円程度，消費税増収分を活用した社会保障の充実等による増1,200億円程度）。

（文教及び科学振興費）

　文教及び科学振興費については，教育環境整備や科学技術基盤の充実等を図ることとし，令和５年度当初予算額に対して558億円（1.0％）増の５兆4,716億円，うち科学技術振興費は150億円（1.1％）増の１兆4,092億円を計上している。

（地方交付税交付金等）

　地方財政については，骨太方針2021等を踏まえ，国の一般歳出の取組と基調を合わせつつ，地方の安定的な財政運営に必要となる一般財源の総額について，令和３年度の水準を下回らないよう実質的に同水準を確保することとしている。

　その結果，一般会計から交付税及び譲与税配付金特別会計に繰り入れる地方交付税交付金は，令和５年度当初予算額に対して4,720億円（2.9％）増の16兆6,543億円，地方交付税交付金と地方特例交付金を合わせた地方交付税交付金等は，令和５年度当初予算額に対して１兆3,871億円（8.5％）増の17兆7,863億円となっている。

　また，交付税及び譲与税配付金特別会計から地方団体に交付される地方交付税交付金（震災復興特別交付税を除く。）については，令和５年度当初予算額に対して3,060億円（1.7％）増の18兆6,671億円を確保している。

（防衛関係費）

　防衛省所管の防衛関係費については，令和４年12月16日の国家安全保障会議及び閣議において決定された「国家安全保障戦略」，「国家防衛戦略」及び「防衛力整備計画」に基づき，統合防空ミサイル防衛能力や機動展開能力の向上等の重点分野を中心に防衛力を抜本的に強化するとともに，防衛力

整備の一層の効率化・合理化を徹底することとしている。

その結果，令和5年度当初予算額に対して1兆1,292億円（16.6％）増の7兆9,172億円を計上している。また，上記の予算額に防衛省情報システム関係経費のうちデジタル庁計上分を加えた7兆9,496億円から，SACO（沖縄に関する特別行動委員会）関係経費，米軍再編関係経費（地元負担軽減に資する措置）を除いた防衛力整備計画対象経費は，令和5年度当初予算額に対して1兆1,248億円（17.0％）増の7兆7,249億円となる。

（公共事業関係費）

公共事業関係費については，安定的な確保を行い，ハード整備に加え，新技術を活用した線状降水帯の予測強化などソフト対策との一体的な取組により，防災・減災，国土強靱化の取組を推進することとしている。

また，持続的な成長に向けた取組として，国際コンテナ戦略港湾等の機能強化などの成長力強化につながるインフラ整備等に重点的に取り組むこととしている。

その結果，令和6年度の公共事業関係費は，令和5年度当初予算額に対して，26億円（0.0％）増の6兆828億円を計上している。

（経済協力費）

一般会計ODA予算については，ODA事業量の確保に配慮しつつ，経費の見直しを行い，予算の重点化等のメリハリ付けを図ることとし，令和5年度当初予算額に対して60億円（1.0％）減の5,650億円を計上している。

（中小企業対策費）

中小企業対策費については，価格転嫁対策，事業再生・事業承継支援など，現下の中小企業・小規模事業者を取り巻く経営課題に対応するために必要な額を計上する一方，貸出動向等を踏まえた信用保証制度関連予算の減少等により，令和5年度当初予算額に対して11億円（0.6％）減の1,693億円を計上している。

（エネルギー対策費）

エネルギー対策については，「第6次エネルギー基本計画」（令和3年10月22日閣議決定）の実現に向けて，徹底した省エネルギーの推進や再生可能エネルギーの最大限の導入と国民負担の抑制の両立に向けた取組をはじめ，エネルギーの安定供給の確保や安全かつ安定的な電力供給の確保等についても取り組むこととしている。

これらの施策を推進する一方，エネルギー対策特別会計の剰余金等の増加を踏まえた繰入額の減少等により，一般会計のエネルギー対策費として，令和5年度当初予算額に対して210億円（2.5％）減の8,329億円を計上している。

（農林水産関係予算）

農林水産関係予算については，食料の安定供給の確保と持続的な生産基盤の確立に向けた施策の推進等の観点から令和5年度当初予算額に対して3億円（0.0％）増の2兆2,686億円を計上している。

〔歳入〕

歳入項目について概要を説明すると以下のとおりである。

租税及印紙収入は，現行法（税制改正前）による場合，令和5年度補正（第1号）後予算額に対して2兆3,570億円増の71兆9,680億円になると見込まれるが，個人所得課税，法人課税等の税制改正を行うこととしている結果，令和5年度補正（第1号）後予算額に対して30億円（0.0％）減の69兆6,080億円になると見込まれる。

また，その他収入は，令和5年度当初予算額に対して1兆8,035億円（19.4％）減の7兆5,147億円になると見込まれる。

公債金は，令和5年度当初予算額を1,740億円下回る35兆4,490億円である。公債金のうち6兆5,790億円については，「財政法」（昭22法34）第4条第1項ただし書の規定により発行する公債によることとし，28兆8,700億円については，「財政運営に必要な財源の確保を図るための公債の発行の特例に関する法律」（平24法101）第3条第1項の規定により発行する公債によることとしている。この結果，令和6年度予算の公債依存度は31.5％（令和5年度当初予算31.1％）となっている。

II　我が国の財政の現状

1　我が国の財政事情の推移等（資料3）

我が国の財政事情の推移を，公債の発行状況から見てみると，昭和30年度から続いていた財政均衡原則が，昭和40年度補正予算における歳入補てん公債発行で破られた後，昭和50年度補正予算において初めて，特例公債が発行された。その後，公債発行額は急増し，昭和54年度には公債依存度が34.7％にも達した。

このような状況に鑑み，昭和59年度，次いで昭和65年度を特例公債脱却の目標年次として掲げつつ，概算要求基準においていわゆるゼロ・シーリングやマイナス・シーリングを設定すること等により財政再建路線がとられた。こうした財政再建努力とバブル期における好調な税収増により，「65年度脱却目標」は達成された。しかし，バブル経済崩壊後，景気低迷による税収減や景気対策としての減税等により歳入が減少した一方，歳出については，公共事業をはじめとした景気対策や高齢化等に伴う社会保障費の増大により伸び続けた結果，歳出と歳入の乖離幅は拡大し，我が国の財政は急速に悪化した。

急激に悪化する財政事情に対する危機感から，平成9年11月には「財政構造改革の推進に関する特別措置法（平9法109)」（以下「財政構造改革法」という。）が成立し，平成10

4

年度当初予算における公共投資関係費を前年度比７％以上減額する等，予算の歳出分野毎に量的縮減目標（キャップ）が設定された。また，平成15年度までに特例公債への依存から脱却し，同年度までに国・地方を合わせた財政赤字の対GDP比を３％以下とする等の財政構造改革の目標などが定められた。平成10年度当初予算はこの法律にしたがって編成されたが，その後，経済活動の著しい停滞等の場合に特例公債の減額規定の例外を認める弾力条項が設けられたのを受けて，平成10年度第１次補正予算が編成され，さらに財政構造改革法（平９法109）の凍結を前提に11月の緊急経済対策に基づく第３次補正予算，平成11年度当初予算が編成された。この結果，平成10年度当初予算で15兆5,570億円であった公債発行額は第３次補正後予算で34兆円，平成11年度当初予算で31兆500億円となり，公債依存度も37.9％となった。

その後，平成11年度，平成12年度と大量の公債発行が続いたが，平成13年度予算においては，厳しさを増している財政状況に鑑み，公債発行額を可能な限り縮減することとし，公債発行額は第２次補正後予算で30兆円となった。平成14年度当初予算においては，「公債発行額30兆円以下」との目標の下，歳出の徹底した見直しを行い，公債発行額は30兆円（補正後予算34兆9,680億円），公債依存度は36.9％（補正後予算41.8％）となった。

平成15年度以降，歳出改革路線を堅持することにより，公債発行額の抑制に努め，平成18年度当初予算において平成13年度当初予算以来５年ぶりに新規国債発行額が30兆円を下回る水準となった。公債依存度は37.6％に低下し，当初予算では平成14年度当初予算以来４年ぶりに30％台となった。平成19年度から平成20年度当初予算においては，「経済財政運営と構造改革の基本方針2006」（平成18年７月７日閣議決定）に定められた歳出改革を確実に実施し，歳出・歳入にわたる努力を行った結果，新規国債発行額は減額を続けた。しかし，平成20年秋の世界金融経済危機の影響で税収が大幅減になるとともに経済対策を行った結果，歳出・歳入の差額が拡大し，平成22年度当初予算では，公債発行額は44兆3,030億円，公債依存度48.0％という異常な事態となった。

こうした厳しい財政事情の下，政府は，国・地方を合わせたプライマリーバランスについて，平成27（2015）年度までに平成22（2010）年度に比べ赤字の対GDP比を半減，令和２（2020）年度までに黒字化，その後の債務残高対GDP比の安定的な引下げを目指すとの財政健全化目標の下，「経済財政運営と改革の基本方針2015」（平成27年６月30日閣議決定）において「経済・財政再生計画」を策定し，一般歳出の水準等の「目安」を設定するとともに，さらには，改革工程表を策定し，各歳出分野における歳出改革の具体的内容や実施・検討時期を明らかにした。こうした歳出改革等の取組により，平成27（2015）年度におけるプライマリーバランス赤字半減目標を達成した。

令和２（2020）年度のプライマリーバランスの黒字化目標の達成は，世界経済の成長率低下等に伴い税収の伸びが当初想定より緩やかだったことや，消費税率引上げ分の使い道を見直すこととしたことなどにより困難となったが，財政健全化の旗は決して降ろさず，プライマリーバランスの黒字化を目指すという目標自体はしっかりと堅持し，骨太方針2018において「新経済・財政再生計画」を策定し，令和７（2025）年度のプライマリーバランス黒字化目標等を策定した。その上で，平成30年末に改革工程表を策定し，各歳出分野における改革工程を具体化した。

骨太方針2021において，骨太方針2018で掲げたプライマリーバランス黒字化目標等を堅持すること，ただし，新型コロナウイルス感染症で不安定な経済財政状況を踏まえ，令和３年度内に，同感染症の経済財政への影響の検証を行い，その検証結果を踏まえ，目標年度を再確認することとした。そして，「中長期の経済財政に関する試算」（令和４年１月14日経済財政諮問会議提出）において，骨太方針2021に基づく財政健全化に向けた取組を継続した場合に，目標年度の変更が求められる状況にはないことが確認された。

骨太方針2023においても，「財政健全化の『旗』を降ろさず，これまでの財政健全化目標に取り組む」こととされている。

2　財政事情の国際比較（資料４～５）

1990年代後半に主要先進国がそろって財政収支を改善する中，我が国の財政収支は大幅な赤字が続いた。2000年代に入り，我が国の財政収支は改善傾向にあったが，平成20年秋の世界金融危機の影響により，他の主要国と同様に悪化した。その後，我が国の財政収支は改善傾向にあったが，新型コロナウイルス感染症や物価高騰等への対応のため，令和２年以降は大幅な赤字となっている。

また，債務残高の対GDP比についても，1990年代後半に財政健全化を着実に進めた主要先進国と比較して，我が国は急速に悪化しており，最悪の水準となっている。

3　財政健全化の必要性・重要性

我が国の財政は，債務残高対GDP比が主要国の中で最悪の水準であるなど，大変厳しい状況にあり，今後も少子高齢化により財政や社会保障の支え手が減少していくという経済・社会の構造変化を踏まえると，以下のように，経済財政，国民生活に重大な影響を与えると考えられ，財政の健全化は喫緊の課題となっている。

(1)　財政の硬直化による政策の自由度の減少

国債費（債務償還費と利払費の合計）が歳出に占める割合が高まり，他の政策的な支出への予算配分の自由度を狭める。また，必要性が高い政策の実現を妨げるとともに，機動的・弾力的な財政運営の手をも縛る。

(2)　クラウディングアウト

政府の資金調達の増大に伴い，企業等の国内資金調達を圧

迫し，投資の抑制を引き起こす。

(3)　非ケインズ効果

　国民が将来の負担増・給付減を予想し，それに備えて消費を抑制する。

(4)　財政への信認低下による金利上昇（国債価格の下落）

　国債を保有する金融機関等に悪影響が生じ，金融市場が混乱するおそれがある。また，財政のリスクプレミアム上昇により，企業の資金調達コストが上昇し，収益悪化，投資減少が生じるおそれがある。

(5)　中央銀行の信認の低下

　中央銀行の財政への従属の懸念が強まれば，通貨の信認が失われ，物価の安定を実現できなくなるおそれがある。

（資料１）主要経済指標

| | 令和4年度（実績）兆円（名目） | 令和5年度（実績見込み）兆円程度（名目） | 令和6年度（見通し）兆円程度（名目） | 対前年度比増減率 | | | | | |
| | | | | 令和4年度 | | 令和5年度 | | 令和6年度 | |
				％（名目）	％（実質）	％程度（名目）	％程度（実質）	％程度（名目）	％程度（実質）
国内総生産	566.5	597.5	615.3	2.3	1.5	5.5	1.6	3.0	1.3
民間最終消費支出	315.8	324.9	336.4	5.9	2.7	2.9	0.1	3.5	1.2
民間住宅	21.8	21.9	22.2	1.5	▲3.4	0.4	0.6	1.3	▲0.3
民間企業設備	96.9	100.1	104.8	7.8	3.4	3.3	0.0	4.7	3.3
民間在庫変動（）内は寄与度	3.6	2.5	2.1	(0.2)	(0.1)	(▲0.2)	(▲0.2)	(▲0.1)	(0.0)
政府支出	151.3	155.0	157.6	1.9	▲0.1	2.4	0.9	1.7	0.7
政府最終消費支出	122.1	124.4	125.6	2.8	1.4	1.9	0.7	1.0	0.0
公的固定資本形成	29.3	30.6	32.0	▲1.7	▲6.1	4.5	1.9	4.7	3.5
財貨・サービスの輸出	123.2	130.2	136.8	18.7	4.7	5.6	3.2	5.0	3.0
（控除）財貨・サービスの輸入	146.2	137.0	144.7	32.3	7.1	▲6.3	▲2.6	5.6	3.4
内需寄与度				5.3	2.0	2.6	0.2	3.2	1.4
民需寄与度				4.8	2.0	2.0	▲0.0	2.7	1.2
公需寄与度				0.5	▲0.0	0.6	0.2	0.4	0.2
外需寄与度				▲2.9	▲0.5	2.8	1.4	▲0.2	▲0.1
国民所得	409.0	431.6	443.4	3.3		5.5		2.7	
雇用者報酬	296.4	305.5	313.8	2.4		3.1		2.7	
財産所得	30.3	32.4	33.8	12.1		6.9		4.4	
企業所得	82.2	93.7	95.8	3.9		13.9		2.3	
国民総所得	600.6	633.6	653.8	3.1	0.4	5.5	2.9	3.2	1.4
労働・雇用	万人	万人程度	万人程度	％		％程度		％程度	
労働力人口	6,906	6,928	6,933	0.1		0.3		0.1	
就業者数	6,728	6,749	6,759	0.3		0.3		0.2	
雇用者数	6,048	6,089	6,101	0.6		0.7		0.2	
完全失業率	％ 2.6	％程度 2.6	％程度 2.5						
生産	％	％程度	％程度						
鉱工業生産指数・増減率	▲0.3	▲0.8	2.3						
物価	％	％程度	％程度						
国内企業物価指数・変化率	9.5	2.0	1.6						
消費者物価指数・変化率	3.2	3.0	2.5						
GDPデフレーター・変化率	0.8	3.8	1.7						
国際収支	兆円	兆円程度	兆円程度	％		％程度		％程度	
貿易・サービス収支	▲23.4	▲8.9	▲10.9						
貿易収支	▲18.0	▲3.9	▲3.7						
輸出	99.7	101.8	107.4	16.4		2.1		5.4	
輸入	117.7	105.7	111.1	35.0		▲10.2		5.0	
経常収支	8.3	22.7	23.1						
経常収支対名目GDP比	％ 1.5	％程度 3.8	％程度 3.7						

（注１） 消費者物価指数は総合である。
（注２） 世界ＧＤＰ（日本を除く。）の実質成長率，円相場及び原油輸入価格については，以下の前提を置いている。これらは，作業のための想定であって，政府としての予測又は見通しを示すものではない。

	令和4年度（実績）	令和5年度	令和6年度
世界ＧＤＰ（日本を除く。）の実質成長率（％）	2.5	2.8	3.0
円相場（円／ドル）	135.5	145.4	149.8
原油輸入価格（ドル／バレル）	102.5	87.5	89.1

（備考）
1．世界ＧＤＰ（日本を除く。）の実質成長率は，国際機関等の経済見通しを基に算出。
2．円相場は，令和5年11月1日～11月30日の期間の平均値（149.8円／ドル）で同年12月以降一定と想定。
3．原油輸入価格は，令和5年11月1日～11月30日の期間のスポット価格の平均値に運賃，保険料を付加した値（89.1ドル／バレル）で，同年12月以降一定と想定。

（資料２）令和６年度予算のポイント（令和６年１月16日公表資料）

令和６年度予算のポイント

令和６年度予算フレーム（概要）

（単位：億円）

歳　出	５年度予算（当初）	６年度予算	増減
一般歳出	727,317	677,764	▲49,554
社会保障関係費	368,687	377,193	+8,506
社会保障関係費以外 (注3・4)	308,630	290,571	▲18,060
物価・賃上げ促進予備費 (注5)	50,000	10,000	▲40,000
地方交付税交付金等	163,992	177,863	+13,871
国債費	252,503	270,090	+17,587
計	**1,143,812**	**1,125,717**	**▲18,095**

歳　入	５年度予算（当初）	６年度予算	増減
税収	694,400	696,080	+1,680
その他収入	93,182	75,147	▲18,035
公債金	356,230	354,490	▲1,740
４条公債（建設公債）	65,580	65,790	+210
特例公債（赤字公債）	290,650	288,700	▲1,950
計	**1,143,812**	**1,125,717**	**▲18,095**

（注1）５年度予算は、６年度予算との比較対照のため、組替えをしてある。
（注2）計数は、それぞれ四捨五入によっているので、端数において合計とは一致しないものがある。
（注3）５年度予算（当初）の計数には、防衛力強化資金繰入33,806億円を含む。
（注4）６年度予算の一般予備費は、令和６年能登半島地震の復旧・復興のフェーズ等に応じ切れ目なく機動的な対応が可能となるよう５年度予算から5,000億円増額して１兆円を計上。
（注5）「物価・賃上げ促進予備費」は「原油価格・物価高騰対策及び賃上げ促進環境整備対応予備費」の略称。なお５年度予算（当初）の計数は、「新型コロナウイルス感染症及び原油価格・物価高騰対策予備費」及び「ウクライナ情勢経済緊急対応予備費」の合計額。
（注6）税収には印紙収入を含む。
（注7）６年度予算の公債依存度は、31.5%。

令和6年度予算のポイント

歴史的な転換点の中、時代の変化に応じた先送りできない課題に挑戦し、変化の流れを掴み取る予算

経済（経済の好循環の起点となる賃上げの実現）

○ 30年ぶりの経済の明るい兆しを経済の好循環につなげるには「物価に負けない賃上げ」の実現が必要。医療・福祉分野において率先した賃上げ姿勢を示す観点から、診療報酬、介護報酬、障害福祉サービス等報酬改定において、現場で働く幅広い方々の処遇改善として、令和6年度にベア2.5％（医療従事者の場合定昇分を入れれば4.0％）、令和7年度にベア2.0％（同3.5％）を実現するために必要な水準を措置。賃上げ促進税制の強化とあわせ、公的価格のあり方を見直し、処遇改善加算の仕組みを拡充することで、現場で働く方々の処遇改善に構造的につながる仕組みを構築（その他の関連施策は次頁）。

社会（構造的な変化と社会課題への対応）

【こども政策等】
○ 少子化は我が国が直面する最大の危機であるとの認識の下、「こども未来戦略」に基づく「加速化プラン」をスピード感を持って実施。児童手当の抜本的拡充、高等教育費の負担軽減など経済的支援の強化とともに、幼児教育・保育の質の向上に取り組むほか、貧困・虐待防止、障害児支援など多様な支援ニーズへの対応を拡充。今後増加が見込まれる育休給付の財政基盤強化も実現（「加速化プラン」の計3.6兆円の拡充のうち3／4程度を令和7年度までに実施予定、その前提で令和6年度は約3割強を計上）。財源確保の取組として、改革工程に基づき、メリハリのある診療報酬改定や薬価制度の見直し、介護保険制度改革を実現。

【デジタル・GX】
○ デジタルを活用し、地方の活性化や公的サービスの効率化等を推進するため、デジタル田園都市国家構想交付金（1,000億円＋令和5年度補正735億円）により、デジタル行財政改革の先行モデル的取組や、観光・農林水産業の振興等を支援。
○ 2050カーボンニュートラルに向け、官民のGX投資を促進（エネルギー特会・令和5年度補正とあわせ1.7兆円規模）。

外交・安全保障

○ 我が国周辺の厳しい安全保障環境はもとより、ウクライナ侵略・中東情勢等の激動する外交環境に対応するため、外交分野において、安全保障対応や邦人保護・危機管理の基盤を大幅強化（3,073億円（対前年度＋298億円））し、同時に、統合防空ミサイル防衛や機動展開能力の向上等、防衛力を着実に強化（対前年度＋1.1兆円）。

令和6年能登半島地震への対応

○ 令和6年1月1日に発生した能登半島地震で被災された方々の命を守り、生活・生業の再建をはじめ被災地の復旧・復興に至るまで切れ目なく対応できるよう、令和6年度の一般予備費について5,000億円を増額（一般予備費として計1兆円を計上）。

歳出の効率化

○ 骨太方針に基づき、歳出改革の取組を継続し、歳出構造の更なる平時化を進める中で、新規国債発行を減額。
（令和5年度（当初）：35.6兆円 ⇒ 令和6年度：35.4兆円）
（※ 歳出改革の対象となる経費のうち、社会保障関係費の伸びは＋3,700億円、社会保障関係費以外の伸びは＋1,600億円）

「物価に負けない賃上げ」の実現に向けた予算面での対応

公的部門等

【医療・介護・障害福祉サービス】
○ 医療・福祉分野において率先した賃上げ姿勢を示す観点から、診療報酬、介護報酬、障害福祉サービス等報酬改定において、現場で働く幅広い方々の処遇改善として、令和6年度にベア2.5％（医療従事者の場合定昇分を入れれば4.0％）、令和7年度にベア2.0％（同3.5％）を実現するために必要な水準を措置。賃上げ促進税制の強化とあわせ、公的価格のあり方を見直し、処遇改善加算の仕組みを拡充することで、現場で働く方々の処遇改善に構造的につながる仕組みを構築。（再掲）

【保育士等】
○ 「加速化プラン」に基づく民間給与動向等を踏まえた更なる保育士等の処遇改善として、人事院勧告を踏まえた公定価格の引上げを実施（人件費の改定率は＋5.2％）。

【教職員】
○ 義務教育費国庫負担金を大幅に増額（1兆5,627億円（対前年度＋412億円））し、人事院勧告を踏まえた公立小中学校等の教職員給与の改善（初任給＋5.9％等）を実現。

【公共工事】
○ 公共工事の設計労務単価は、11年連続で引上げ、5年度＋5.2％。6年度も賃金上昇の実勢等を反映して令和6年2月に改定予定。また、民間工事を含め、下請業者に対して適切な労務費が支払われるよう、法改正案を次期通常国会に提出予定。

【物流】
○ トラックドライバーの賃上げに向け、法律に基づく「標準的な運賃」を8％引上げ予定であるとともに、その浸透・徹底のためトラックGメンにより荷主・元請事業者への監視を強化。また、賃上げ原資の確保や物流の生産性向上を図るための法改正案を次期通常国会に提出予定。

中小企業等

○ 適切な価格転嫁のため、下請Gメンを330名に増強して取引実態を把握し指導等を徹底（令和6年度28億円）。また、中小企業等が人手不足の中でも利益を確保し賃上げを実現できるよう、5,000億円規模（令和5年度補正・既存基金活用）の省力化投資支援を実施。
○ 中小企業・小規模事業者の最低賃金の引上げに向けた、生産性向上に資する設備投資などを実施し事業場内最低賃金を引き上げる事業者に対し、その業務改善経費を支援（令和6年度8億円、令和5年度補正180億円）。

その他

○ 賃上げと相乗効果を発揮し、物価を上回る可処分所得の伸びを実現するために行われる定額減税の実施にあわせ、定額減税の恩恵を十分に受けられない方々に対し、0.7兆円の給付を実施（その他の関連する給付も含めれば1.1兆円。令和5年度予備費）。
○ 令和5年度補正において、「物価と賃金の好循環」の実現に向け使途を明確化・重点化した「物価・賃上げ促進予備費」を令和6年度においても1兆円措置。

令和6年能登半島地震の被災者支援や被災地の復旧・復興のための予算面での対応

○ 令和6年1月1日に発生した**能登半島地震**で**被災された方々の命を守り**、**生活・生業の再建**をはじめ**被災地の復旧・復興**に至るまで**切れ目なく対応**できるよう万全の財政措置を講じる。

令和5年度の予備費を活用した喫緊の対応

○ まず、足元の喫緊の対応として、**仮設住宅の確保**、**ライフラインやインフラ等の復旧**、**被災者の方々の生活や生業の再建**といった様々な被災地のニーズに対応するため、「**被災者の生活と生業支援のためのパッケージ**」を可及的速やかにとりまとめ。

○ こうした様々な支援に必要な経費については、残額が**4,600億円**を超える一般予備費を活用して臨機応変に対応。

令和6年度予算における復旧・復興への万全の備え

○ 令和6年度においても**復旧・復興のフェーズ**等に応じた**切れ目のない機動的な対応**を確保しつつ、他の予見しがたい事態にもしっかりと備えるべく、**令和6年度予算の一般予備費**について**5,000億円を増額**し、**計1兆円を計上**。

○ これにより、**4,600億円を超える令和5年度の一般予備費の残額**とあわせ、一日も早い被災地の**復旧・復興**に向けた支援に全力を尽くす。

（注）上記に先立ち、令和5年度の一般予備費47億円を活用し、**寒冷対策**を含む避難所体制の強化に当面必要な**プッシュ型物資支援**の経費を措置（令和6年1月9日決定）。

各歳出分野の特徴①

社会保障

○ **こども未来戦略**に基づく政策をスピード感を持って実行。こども家庭庁予算は0.5兆円増加し**5.3兆円**（令和5年度：4.8兆円、令和4年度：4.7兆円）。**児童手当の抜本的拡充**（令和6年12月に初回支給）、**高等教育費の負担軽減**や**幼児教育・保育の質の向上**（配置基準改善と更なる処遇改善等）に取り組むほか、貧困、虐待防止、障害児・医療的ケア児など**多様な支援ニーズ**にも対応。男性育休の取得増等に伴う**育休給付の増**（+931億円）を見込むとともに、その財政基盤の強化のため国庫負担を本則**1/8**に引き上げ（現行1/80）。

○ **診療報酬、介護報酬、障害福祉サービス等報酬改定**において、**公的価格のあり方を見直し**、**現場で働く方々の処遇改善に構造的につながる仕組みを構築**。診療所を中心に、管理料や処方箋料等の再編による効率化・適正化により**メリハリのある改定**を実現。また薬価について、長期収載品の保険給付の見直しを行うほか、イノベーションの適切な評価措置を実施。不採算品再算定により**後発医薬品等**の**安定供給確保**にも対応。

外交・安全保障

○ 厳しい国際情勢を踏まえ、**安全保障対応と邦人保護、警備体制等を強化**（対前年度＋298億円）するとともに、ODAは民間資金を活用した効果的な事業等に厚く配分するなど、令和5年度補正（2,701億円）とあわせ**1兆円台の予算措置**。

○ 安全保障環境が厳しさを増す中、**防衛力の抜本強化**を推進（対前年度＋1.1兆円）。**スタンド・オフ防衛能力**や統合防空**ミサイル防衛能力**、**機動展開能力**の向上を図るとともに、装備品の維持整備や弾薬取得、施設整備を促進。

警察・海保

○ 過去最多となるサイバー犯罪など深刻な**サイバー空間の脅威**のほか、**テロ**や**大規模災害**等への対処能力を強化。

○ **尖閣領海警備能力**強化の**大型巡視船**をはじめ海上保安庁の予算・定員を大幅拡充(2,611億円(対前年度＋180億円))。

教育・科学技術

○ **教員業務支援員**の全小中学校配置や小学校高学年の**教科担任制**前倒しにより、教育の質の向上や働き方改革を加速。

○ 科学技術・イノベーションへの投資として、**AI・量子**分野等の重要分野の研究開発を推進するとともに、**基礎研究・若手研究者**向け支援を充実（科学技術振興費 14,092億円（対前年度＋150億円））。

各歳出分野の特徴②

GX、エネルギー・環境
○ エネルギー特会で「GX経済移行債」を発行し、**蓄電池の国内製造基盤強化**（2,300億円）、**次世代型太陽電池等**のサプライチェーン構築（548億円）、**鉄・化学等製造業の製造プロセス転換**（327億円）など、官民のGX投資を支援。

DX・地方創生
○ デジタル田園都市国家構想交付金（1,000億円＋令和5年度補正735億円）により、観光や農林水産業の振興等の**地方創生**に資する取組を支援。また、光ファイバ、5G基地局など**地方のデジタル基盤**を整備（68億円）。

復興
○ **ALPS処理水**の処分に伴う**風評対策**・科学的根拠に基づく情報発信や、原子力災害被災地域における**帰還・移住等**に向けた取組など、復興のステージの進行に応じた被災地のニーズにきめ細かに対応。

観光
○ 訪日旅行消費5兆円の目標達成に向け、国際観光旅客税（440億円（対前年度＋240億円））を活用し、**国立公園**における**体験型アクティビティ**の造成や、文化的建造物の利活用による**集客・宿泊**の高付加価値化などを推進。

公共事業
○ **公共事業関係費**は6兆828億円（対前年度＋26億円）を**安定的に確保**（令和5年度補正では2兆2,009億円（対前年度＋1,996億円））。ハードに加え、新技術による線状降水帯の予測など**ソフト対策**との**一体的取組**で**国土強靱化**を推進。
○ 水道事業の国交省移管を契機に、**上下水道一体**による**効率的な事業実施**などを支援する新たな補助を創設。

農林水産
○ 水田の**畑地化支援**により野菜や麦・大豆など畑作物の生産を推進するとともに、輸入に依存する**化学肥料**の**使用低減**、**飼料の国内生産の拡大**を推進（287億円）。
○ **輸出先国の多角化**のための**販路開拓**や現地の**商流構築**、品目団体による**包材等の規格化**等を推進（102億円）。

地方財政
○ 地方団体に交付される地方交付税交付金は、**18.7兆円**（+0.3兆円）。**一般財源総額を増額**（+0.6兆円）しつつ、**臨時財政対策債発行を過去最少**となる0.5兆円（▲0.5兆円）に半減させ、**地方財政の健全化**を推進。

主要経費別内訳

（単位：億円）

	5年度予算（当初）	6年度予算	増減額	増減率	備考
一般歳出	727,317	677,764	▲49,554	▲6.8%	
社会保障関係費	368,687	377,193	+8,506	+2.3%	
文教及び科学振興費	54,158	54,716	+558	+1.0%	人事院勧告の反映等による義務教育費国庫負担金の増　等
うち科学技術振興費	13,942	14,092	+150	+1.1%	
恩給関係費	970	771	▲198	▲20.5%	
防衛関係費	101,686	79,172	▲22,514	▲22.1%	
下記繰入除く	67,880	79,172	+11,292	+16.6%	
防衛力強化資金繰入	33,806	－	▲33,806	－	
公共事業関係費	60,801	60,828	+26	+0.0%	
経済協力費	5,114	5,041	▲73	▲1.4%	民間資金等を活用した効果的事業や緊急人道支援等に重点化。
（参考）ODA	5,709	5,650	▲60	▲1.0%	R5補正の政府ODA3,284億円とあわせて事業量を充分に確保
中小企業対策費	1,704	1,693	▲11	▲0.6%	貸出動向等を踏まえた信用保証制度関連予算の減　等
エネルギー対策費	8,540	8,329	▲210	▲2.5%	エネルギー特会の剰余金等の増加を踏まえた繰入の減
食料安定供給関係費	12,654	12,618	▲36	▲0.3%	米政策の見直しを踏まえた減
その他の事項経費	58,004	57,402	▲602	▲1.0%	
予備費	5,000	10,000	+5,000	+100.0%	令和6年能登半島地震の復旧・復興のフェーズ等に応じ切れ目なく機動的な対応が可能となるよう増額
原油価格・物価高騰対策及び賃上げ促進環境整備対応予備費	40,000	10,000	▲30,000	▲75.0%	
ウクライナ情勢経済緊急対応予備費	10,000	－	▲10,000	－	
地方交付税交付金等	163,992	177,863	+13,871	+8.5%	
国債費	252,503	270,090	+17,587	+7.0%	
合計	1,143,812	1,125,717	▲18,095	▲1.6%	

(注1) 5年度予算は、6年度予算との比較対照のため、組替えをしてある。
(注2) 計数は、それぞれ四捨五入によっているので、端数において合計とは一致しないものがある。
(注3) 一般歳出とは、一般会計歳出総額から国債費及び地方交付税交付金等を除いたもの。

社会保障

○ 令和6年度の社会保障関係費は、前年度（36.9兆円）から＋8,500億円程度の37.7兆円。経済・物価動向等を踏まえつつ、社会保障関係費の実質的な伸びを高齢化による増加分におさめる方針を達成（年金スライド分を除く高齢化による増は＋3,700億円程度、年金スライド分の増は＋3,500億円程度）。

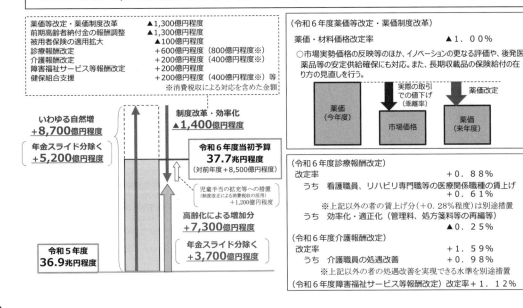

薬価等改定・薬価制度改革 ▲1,300億円程度
前期高齢者納付金の報酬調整 ▲1,300億円程度
被用者保険の適用拡大 ▲100億円程度
診療報酬改定 ＋600億円程度（800億円程度※）
介護報酬改定 ＋200億円程度（400億円程度※）
障害福祉サービス等報酬改定 ＋200億円程度
健保組合支援 ＋200億円程度（400億円程度※） 等
※消費税収による対応を含めた金額

いわゆる自然増
＋8,700億円程度
年金スライド分除く
＋5,200億円程度

制度改革・効率化
▲1,400億円程度

令和6年度当初予算
37.7兆円程度
（対前年度＋8,500億円程度）

児童手当の拡充等への措置
（制度改正による消費税収の活用）
＋1,200億円程度

高齢化による増加分
＋7,300億円程度

令和5年度
36.9兆円程度

年金スライド分除く
＋3,700億円程度

（令和6年度薬価等改定・薬価制度改革）

薬価・材料価格改定率 ▲1.00％

○市場実勢価格の反映等のほか、イノベーションの更なる評価や、後発医薬品等の安定供給確保にも対応。また、長期収載品の保険給付の在り方の見直しを行う。

薬価
（今年度）

実際の取引での値下げ（乖離率）

市場価格

薬価改定

薬価
（来年度）

（令和6年度診療報酬改定）
改定率 ＋0.88％
うち 看護職員、リハビリ専門職等の医療関係職種の賃上げ
＋0.61％
※上記以外の者の賃上げ分（＋0.28％程度）は別途措置
うち 効率化・適正化（管理料、処方箋料等の再編等）
▲0.25％

（令和6年度介護報酬改定）
改定率 ＋1.59％
うち 介護職員の処遇改善 ＋0.98％
※上記以外の者の処遇改善を実現できる水準を別途措置

（令和6年度障害福祉サービス等報酬改定）改定率＋1.12％

こども・子育て政策の強化（加速化プラン）の財源の基本骨格（イメージ）

令和5年12月22日 第9回こども未来戦略会議参考資料
（全世代型社会保障構築本部事務局提出）

○ 既定予算の最大限の活用等を行うほか、2028年度までに徹底した歳出改革等を行い、それによって得られる公費節減の効果及び社会保険負担軽減の効果を活用する。
○ 歳出改革と賃上げによって実質的な社会保険負担軽減の効果を生じさせ、その範囲内で支援金制度を構築することにより、実質的な負担が生じないこととする。

【歳出面】加速化プラン完了時点 3.6兆円

経済的支援の強化	全てのこども・子育て世帯を対象とする支援の拡充	共働き・共育ての推進
1.7兆円	1.3兆円	0.6兆円

【歳入面】加速化プランの財源 ＝ 歳出改革の徹底等

既定予算の最大限の活用等	歳出改革の徹底等	
1.5兆円	1.1兆円	1.0兆円

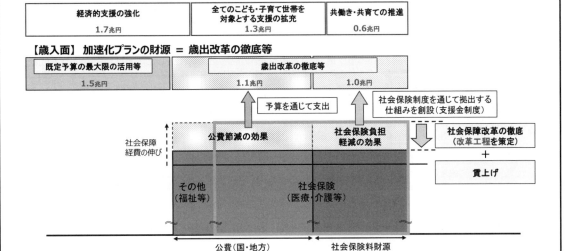

予算を通じて支出

社会保険制度を通じて拠出する仕組みを創設（支援金制度）

社会保障経費の伸び

公費節減の効果

社会保険負担軽減の効果

社会保障改革の徹底（改革工程を策定）
＋
賃上げ

その他（福祉等）

社会保険（医療・介護等）

公費（国・地方）

社会保険料財源

こども・子育て政策の強化

○ 「こども未来戦略」において、令和10年度までの「3.6兆円（国・地方合計）」の施策充実と安定財源確保の枠組みを決定。
- ✓ 令和6年度は「3.6兆円」のうち約3割強を実現。（令和7年度には、各種施策の施行・満年度化により3/4程度まで実施予定。）
- ✓ 歳出改革や既定予算の最大限の活用により財源を確保。（令和6年度の不足分（0.2兆円程度）は、特別会計でこども・子育て支援特例公債を発行。）

○ 国のこども・子育て関係予算（一般会計と特別会計の合計）も着実に増加。
- ✓ こども家庭庁予算 令和4年度：4.7兆円→令和5年度：4.8兆円→**令和6年度：5.3兆円**。 ※令和6年度こども家庭庁予算：5兆2,832億円
- ✓ 育休給付の増加分を合わせ、令和4年度→令和6年度で**+0.7兆円（+15%増）**。 （+4,728億円、うち一般会計分+1,766億円）

児童手当の拡充

拡充後の初回の支給を令和6年12月とする

✓ 所得制限を撤廃　　1兆5,246億円 （うち拡充分+3,558億円）

✓ 高校生年代まで延長

✓ 第3子以降は3万円

支給金額	0～3歳	3歳～高校生年代
第1子・第2子	月額1万5千円	月額1万円
第3子以降	月額3万円	

* 多子加算のカウント方法を見直し

妊娠・出産時からの支援強化

実施中

✓ 出産・子育て応援交付金　569億円（+274億円）
- ・こども1人につき10万円相当の経済的支援

✓ 伴走型相談支援　56億円（+5億円）
- ・様々な困難・悩みに応え、ニーズに応じた支援につなげる

* 金額は令和6年度の国の予算（一般会計と特別会計の合計）

高等教育（大学等）

✓ 高等教育の負担軽減を拡大　5,438億円（+127億円）
- ・多子世帯や理工農系の学生等の中間層（世帯収入約600万円）に対象拡大
- ※令和7年度から、多子世帯の学生等については授業料・入学金を無償化 （多子世帯：扶養されるこどもが3人以上、支援上限：現行制度と同様）

切れ目なくすべての子育て世帯を支援

✓ 保育所：量の拡大から質の向上へ　1,187億円*（+882億円）
- ・76年ぶりの配置改善：[4・5歳児]30対1→25対1
- ・令和5年人事院勧告を踏まえた保育士等の処遇改善

✓ 多様な支援ニーズへの対応　867億円*（+526億円）［一部、厚生労働省分］
- ・貧困、虐待防止、障害児・医療的ケア児等への支援強化
- ・児童扶養手当の拡充、補装具費支援の所得制限の撤廃 ［令和4年度→令和6年度の増額分］

育休を取りやすい職場に

✓ 男性の育休取得増に伴う育休給付の増　8,555億円（+931億円）
- ・育休給付の財政基盤の強化のため、国庫負担を本則1/8に引き上げ
- ※ 保険料率は、当面0.4%に据え置きつつ、本則を令和7年度から0.5%に引き上げるとともに、保険財政の状況に応じて弾力的に調整する仕組みを導入
- ※ 育休給付は労働保険特会雇用勘定（厚生労働省予算）に計上。令和7年度からこども・子育て支援特別会計に一元化。

予算の質の向上

行政事業レビューや予算執行調査等の反映

○ **各財務局等を活用した機動的調査**により、全国の2万2千の医療法人の事業報告書等を入手して集計。事業報告書等の分析により診療所の経営状況が極めて良好であることが判明（令和4年度の経常利益率8.8%）。**診療報酬改定**においては、診療所を中心に、改定率▲0.25%（医療費▲1,200億円程度（満年度））の効率化・適正化を実施。

○ **行政事業レビューの指摘**を踏まえ、介護について、ICT機器の利活用によりケアの質の確保や職員の負担軽減等が行われている介護付き有料老人ホームの**人員配置基準の柔軟化**（利用者：介護職員＝3:1→3:0.9）を報酬改定の中で実現。

○ 私立大学に対する**予算執行調査**を活用し、経営改革や連携に取り組むモデル校に**予算を重点化**（20億円）。令和8年度以降、定員充足率や経営状況等が基準に満たない大学に「経営改革計画」の策定を求め、**私学助成を適正化**。

デジタル化の推進等による効率化

○ 情報システムについて、**ガバメントクラウド**（政府共通のクラウドサービス）や**ガバメントソリューションサービス**（政府共通の府省間ネットワーク）等の**共通基盤への移行**により、**重複投資を排除**（国のガバメントクラウドへの移行については、令和6年度までに移行予定のシステムの基盤にかかる経費について約20億円の削減効果）。

防衛力整備の効率化・合理化

○ 防衛装備品の全般にわたり、**長期契約を活用した航空機などの装備品の効率的取得**や陳腐化した**一部装備品の運用停止**等により、**▲2,764億円の効率化・合理化効果**を実現。

政策目的に応じたインセンティブ機能の導入

○ 防災・減災効果を効率的に高めるため、災害の危険性の高い地域における住宅支援の引下げ（※）や、立地適正化計画が未策定の地域への**支援措置を見直し**つつ、土地利用規制の導入と組み合わせた**治水対策および津波・高潮対策**を推進。
※「子育てエコホーム支援事業」（6年度：400億円）などが対象。

地方財政の健全化

○ 地方交付税などの財源を適切に確保し、**臨時財政対策債**（赤字地方債）の**発行を過去最少となる0.5兆円（▲0.5兆円）**まで縮減するなど、地方の財政状況を着実に改善。

（参考資料）

令和６年度予算フレーム

【歳出・歳入の状況】 (単位：億円)

	5年度予算（当初）	6年度予算	5'→6'	備考
（歳出）				
一　般　歳　出	727,317	677,764	△ 49,554	
社会保障関係費	368,687	377,193	8,506	
社会保障関係費以外	308,630	290,571	△ 18,060	○ 防衛力強化資金繰入（令5：3兆3,806億円）は皆減。
原油価格・物価高騰対策及び賃上げ促進環境整備対応予備費	50,000	10,000	△ 40,000	
地　方　交　付　税　交　付　金　等	163,992	177,863	13,871	
国　　　債　　　費	252,503	270,090	17,587	
うち債務償還費（交付国債分を除く）	163,895	169,417	5,523	
うち利払費	84,723	96,910	12,187	
計	1,143,812	1,125,717	△ 18,095	
（歳入）				
税　　　　　　　　収	694,400	696,080	1,680	
そ　の　他　収　入	93,182	75,147	△ 18,035	
公　債　金（歳出と税収等との差額）	356,230	354,490	△ 1,740	○ 公債依存度31.5%
債務償還費相当分（交付国債分を除く）	163,895	169,417	5,523	建設公債 令5：6兆5,580億円 → 令6：6兆5,790億円
利払費相当分	84,723	96,910	12,187	特例公債 令5：29兆650億円 → 令6：28兆8,700億円
政策的支出による赤字相当分（基礎的財政収支赤字）	107,613	88,163	△ 19,450	○ 財政収支赤字（利払費相当分と政策的支出による赤字相当分の公債金の合計）は、18.5兆円。
計	1,143,812	1,125,717	△ 18,095	

(注1) 5年度予算は、6年度予算との比較対照のため、組替えをしてある。
(注2) 計数は、それぞれ四捨五入によっているので、端数において合計とは一致しないものがある。
(注3) 6年度予算の一般予備費は、令和6年能登半島地震の復旧・復興のフェーズ等に応じ切れ目なく機動的な対応が可能となるよう5年度予算から5,000億円増額して1兆円を計上。
(注4) 「原油価格・物価高騰対策及び賃上げ促進環境整備対応予備費」の5年度予算（当初）の額は、「新型コロナウイルス感染症及び原油価格・物価高騰対策予備費」及び「ウクライナ情勢経済緊急対応予備費」の合計額。
(注5) 税収は印紙収入を含む。
(注6) 公債金の分類は基礎的財政収支や財政収支の観点から行ったものであり、公債金による収入が直ちに債務償還費や利払費に充当されることを意味するものではないことから、「相当分」としている。

【普通国債残高等の状況】 (単位：兆円)

	5年度末見込み（5年度当初予算ベース）	6年度末見込み（6年度予算ベース）	5'→6'	備考
普通国債残高	1,068.0	1,105.4	37.3	○ 財政収支赤字　18.5兆円程度
名目GDP	597.5	615.3	17.8	5年度補正予算における公債追加　8.9兆円程度
普通国債残高/GDP比	178.7%	179.6%	0.9%	5年度補正予算における剰余金繰入による償還　△1.3兆円程度
(参考) 国債発行予定額	193.8	172.0	△21.8	前倒債の増　19.5兆円程度
うち一般会計における発行額	35.6	35.4	△0.2	発行実績の反映等　△8.2兆円程度
うち国債整理基金特別会計における発行額	157.6	135.5	△22.0	合計　37.3兆円程度

(注) 名目GDPは当該年度における政府経済見通しによる年度値。

令和6年度一般会計予算 歳出・歳入の構成

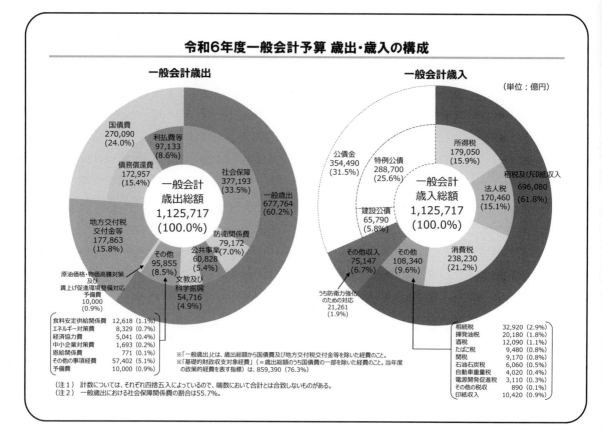

一般会計歳出

- 国債費 270,090 (24.0%)
  - 利払費等 97,133 (8.6%)
  - 債務償還費 172,957 (15.4%)
- 社会保障 377,193 (33.5%)
- 一般歳出 677,764 (60.2%)
- 地方交付税交付金等 177,863 (15.8%)
- その他 95,855 (8.5%)
- 防衛関係費 79,172 (7.0%)
- 公共事業 60,828 (5.4%)
- 文教及び科学振興 54,716 (4.9%)

一般会計歳出総額 1,125,717 (100.0%)

原油価格・物価高騰対策及び賃上げ促進環境整備対応予備費 10,000 (0.9%)

食料安定供給関係費	12,618 (1.1%)
エネルギー対策費	8,329 (0.7%)
経済協力費	5,041 (0.4%)
中小企業対策費	1,693 (0.2%)
恩給関係費	771 (0.1%)
その他の事項経費	57,402 (5.1%)
予備費	10,000 (0.9%)

一般会計歳入

(単位：億円)

- 公債金 354,490 (31.5%)
  - 特例公債 288,700 (25.6%)
  - 建設公債 65,790 (5.8%)
- 所得税 179,050 (15.9%)
- 租税及び印紙収入 696,080 (61.8%)
- 法人税 170,460 (15.1%)
- 消費税 238,230 (21.2%)
- その他収入 75,147 (6.7%)
- その他 108,340 (9.6%)

一般会計歳入総額 1,125,717 (100.0%)

うち防衛力強化のための対応 21,261 (1.9%)

相続税	32,920 (2.9%)
揮発油税	20,180 (1.8%)
酒税	12,090 (1.1%)
たばこ税	9,480 (0.8%)
関税	9,170 (0.8%)
石油石炭税	6,060 (0.5%)
自動車重量税	4,020 (0.4%)
電源開発促進税	3,110 (0.3%)
その他の税収	890 (0.1%)
印紙収入	10,420 (0.9%)

※「一般歳出」とは、歳出総額から国債費及び地方交付税交付金等を除いた経費のこと。
※「基礎的財政収支対象経費」（＝歳出総額のうち国債費の一部を除いた経費のこと。当年度の政策的経費を表す指標）は、859,390（76.3%）

（注1）計数については、それぞれ四捨五入によっているので、端数において合計とは合致しないものがある。
（注2）一般歳出における社会保障関係費の割合は55.7%。

一般会計税収、歳出総額及び公債発行額の推移

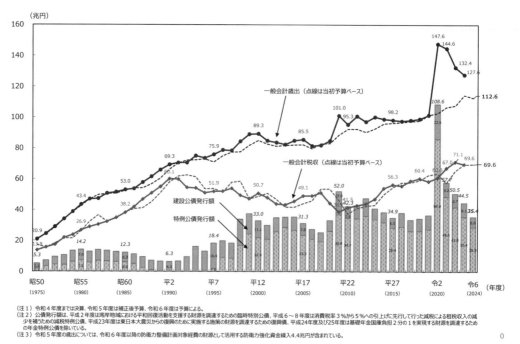

（兆円）

- 一般会計歳出（点線は当初予算ベース）
- 一般会計税収（点線は当初予算ベース）
- 建設公債発行額
- 特例公債発行額

年度	
昭50 (1975)	
昭55 (1980)	
昭60 (1985)	
平2 (1990)	
平7 (1995)	
平12 (2000)	
平17 (2005)	
平22 (2010)	
平27 (2015)	
令2 (2020)	
令6 (2024)	

（注1）令和4年度までは決算、令和5年度は補正後予算、令和6年度は予算による。
（注2）公債発行額は、平成2年度は湾岸地域における平和回復活動を支援する財源を調達するための臨時特別公債、平成6〜8年度は消費税率3%から5%への引上げに先行して行った減税による租税収入の減少を補うための減税特例公債、平成23年度は東日本大震災からの復興のために実施する施策の財源を調達するための復興債、平成24年度及び25年度は基礎年金国庫負担2分の1を実現する財源を調達するための年金特例公債を除いている。
（注3）令和5年度の歳出については、令和6年度以降の防衛力整備計画対象経費の財源として活用する防衛力強化資金繰入れ4.4兆円が含まれている。

（資料３）戦後における我が国財政の変遷（名目額）

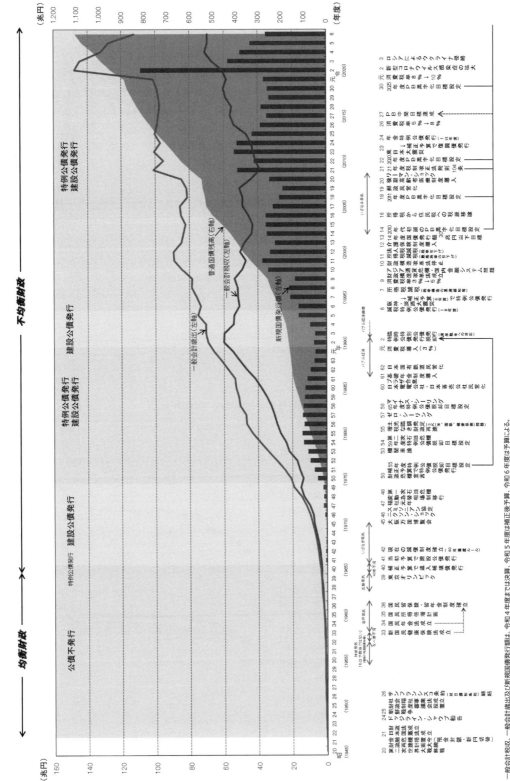

（注１）一般会計税収、一般会計歳出及び新規国債発行額は、令和４年度までは決算、令和５年度は補正後予算、令和６年度は予算による。
（注２）普通国債残高は、令和４年度末までは実績、令和５年度末は補正後予算、令和６年度末は予算に基づく見込み。

（資料４）財政収支の国際比較（対GDP比）

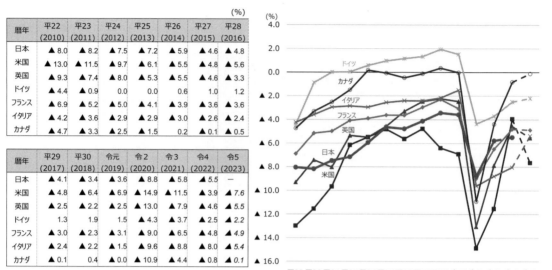

(%)

暦年	平22 (2010)	平23 (2011)	平24 (2012)	平25 (2013)	平26 (2014)	平27 (2015)	平28 (2016)
日本	▲ 8.0	▲ 8.2	▲ 7.5	▲ 7.2	▲ 5.9	▲ 4.6	▲ 4.8
米国	▲ 13.0	▲ 11.5	▲ 9.7	▲ 6.1	▲ 5.5	▲ 4.8	▲ 5.6
英国	▲ 9.3	▲ 7.4	▲ 8.0	▲ 5.3	▲ 5.5	▲ 4.6	▲ 3.3
ドイツ	▲ 4.4	▲ 0.9	0.0	0.0	0.6	1.0	1.2
フランス	▲ 6.9	▲ 5.2	▲ 5.0	▲ 4.1	▲ 3.9	▲ 3.6	▲ 3.6
イタリア	▲ 4.2	▲ 3.6	▲ 2.9	▲ 2.9	▲ 3.0	▲ 2.6	▲ 2.4
カナダ	▲ 4.7	▲ 3.3	▲ 2.5	▲ 1.5	0.2	▲ 0.1	▲ 0.5

暦年	平29 (2017)	平30 (2018)	令元 (2019)	令2 (2020)	令3 (2021)	令4 (2022)	令5 (2023)
日本	▲ 4.1	▲ 3.4	▲ 3.6	▲ 8.8	▲ 5.8	▲ 5.5	—
米国	▲ 4.8	▲ 6.4	▲ 6.9	▲ 14.9	▲ 11.5	▲ 3.9	▲ 7.6
英国	▲ 2.5	▲ 2.2	▲ 2.5	▲ 13.0	▲ 7.9	▲ 4.6	▲ 5.5
ドイツ	1.3	1.9	1.5	▲ 4.3	▲ 3.7	▲ 2.5	▲ 2.2
フランス	▲ 3.0	▲ 2.3	▲ 3.1	▲ 9.0	▲ 6.5	▲ 4.8	▲ 4.9
イタリア	▲ 2.4	▲ 2.2	▲ 1.5	▲ 9.6	▲ 8.8	▲ 8.0	▲ 5.4
カナダ	▲ 0.1	0.4	▲ 0.0	▲ 10.9	▲ 4.4	▲ 0.8	▲ 0.1

（出所）OECD "Economic Outlook 114"(2023年11月29日)
（注1）数値は一般政府（中央政府、地方政府、社会保障基金を合わせたもの）ベース。ただし、日本は社会保障基金、米国は社会保障年金信託基金を除いた値。
（注2）日本は2022年、それ以外の国々は2023年が推計値。ただし、日本については2023年の推計値は掲載されていない。

（資料５）債務残高の国際比較（対GDP比）

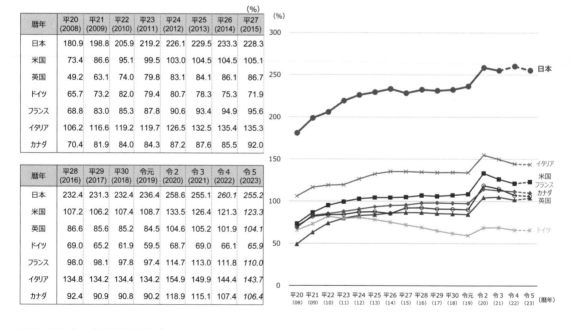

(%)

暦年	平20 (2008)	平21 (2009)	平22 (2010)	平23 (2011)	平24 (2012)	平25 (2013)	平26 (2014)	平27 (2015)
日本	180.9	198.8	205.9	219.2	226.1	229.5	233.3	228.3
米国	73.4	86.6	95.1	99.5	103.0	104.5	104.5	105.1
英国	49.2	63.1	74.0	79.8	83.1	84.1	86.1	86.7
ドイツ	65.7	73.2	82.0	79.4	80.7	78.3	75.3	71.9
フランス	68.8	83.0	85.3	87.8	90.6	93.4	94.9	95.6
イタリア	106.2	116.6	119.2	119.7	126.5	132.5	135.4	135.3
カナダ	70.4	81.9	84.0	84.3	87.2	87.6	85.5	92.0

暦年	平28 (2016)	平29 (2017)	平30 (2018)	令元 (2019)	令2 (2020)	令3 (2021)	令4 (2022)	令5 (2023)
日本	232.4	231.3	232.4	236.4	258.6	255.1	260.1	255.2
米国	107.2	106.2	107.4	108.7	133.5	126.4	121.3	123.3
英国	86.6	85.6	85.2	84.5	104.6	105.2	101.9	104.1
ドイツ	69.0	65.2	61.9	59.5	68.7	69.0	66.1	65.9
フランス	98.0	98.1	97.8	97.4	114.7	113.0	111.8	110.0
イタリア	134.8	134.2	134.4	134.2	154.9	149.9	144.4	143.7
カナダ	92.4	90.9	90.8	90.2	118.9	115.1	107.4	106.4

（出所）IMF "World Economic Outlook"（2023年10月）
（注1）数値は一般政府（中央政府、地方政府、社会保障基金を合わせたもの）ベース。
（注2）日本は、2022年及び2023年が推計値。それ以外の国は、2023年が推計値。

第213回国会における鈴木財務大臣の財政演説

令和6年1月30日

令和六年度予算の御審議に当たり，財政政策の基本的な考え方について所信を申し述べますとともに，予算の大要を御説明申し上げます。

まず，元日に発生しました令和六年能登半島地震により亡くなられた方々と御遺族に対し，深く哀悼の意を表しますとともに，被災された全ての方々に，心からお見舞いを申し上げます。政府といたしましては，今日まで被災者の捜索・救助や，生活支援などに全力を挙げて取り組んでまいりました。今後とも，政府の総力を結集し，「被災者の生活と生業支援のためのパッケージ」の着実な実行をはじめ，被災者への支援を含めた被災地域の復旧・復興に万全を期してまいります。

（日本経済の現状と財政政策の基本的な考え方）

日本経済につきましては，昨年三十年ぶりとなった高水準の賃上げや企業の意欲的な投資計画の策定など前向きな動きが見られております。

こうした中，足元の物価高に対応しつつ，持続的で構造的な賃上げや，民需主導の持続的な成長を実現していくことが重要です。そのため，先に成立した令和五年度補正予算を迅速かつ適切に執行するとともに，同補正予算と一体的に編成した令和六年度予算，そして令和六年度税制改正を着実に実行に移していく必要があります。

日本の財政は，これまでの新型コロナウイルス感染症や物価高騰等への対応に係る累次の補正予算の編成等により，より一層厳しさを増しております。財政は国の信頼の礎であり，経済あっての財政という方針の下，財政健全化に取り組むことで中長期的な財政の持続可能性への信認を確保していかなければなりません。引き続き，「経済財政運営と改革の基本方針二〇二三」等における二〇二五年度のプライマリーバランスの黒字化目標等の達成に向けて，歳出・歳入両面の改革を着実に推進し，歳出構造の更なる平時化を進めてまいります。

（令和六年度予算及び税制改正の大要）

続いて，令和六年度予算及び税制改正の大要を御説明申し上げます。

令和六年度予算は，歴史的な転換点の中，時代の変化に応じた先送りできない課題に挑戦し，変化の流れを掴み取るための予算としております。

具体的には，医療・福祉分野の現場で働く方々の処遇改善をはじめとした「物価に負けない賃上げの実現」に向けた取組の推進，「こども未来戦略」に基づく「加速化プラン」の迅速な実施，我が国周辺の厳しい安全保障環境を踏まえた防衛力の着実な強化など，我が国が直面する構造的な課題に的確に対応するものとしております。

また，物価と賃金の好循環に向け，賃上げ促進の環境整備を含め，物価高対策に必要となる経費に予期せぬ不足が生じた際に機動的に対応するため，万全の備えとして，原油価格・物価高騰対策及び賃上げ促進環境整備対応予備費を一兆円措置しております。

加えて，令和六年能登半島地震への対応として，令和六年度においても復旧・復興の段階などに応じた切れ目のない機動的な対応を確保するため，一般予備費について，前年度当初予算に対し，五千億円増額し，一兆円措置しております。

同時に，「経済財政運営と改革の基本方針二〇二三」等に基づき，社会保障関係費について，実質的な伸びを高齢化による増加分におさめるとともに，社会保障関係費以外について，これまでの歳出改革の取組を実質的に継続しております。

一般歳出につきましては，約六十七兆七千八百億円であり，これに地方交付税交付金等約十七兆七千九百億円及び国債費約二十七兆百億円を加えた一般会計総額は，約百十二兆五千七百億円となっており，前年度当初予算に対し，約一兆八千百億円の減額となっております。

一方，歳入につきましては，租税等の収入は，約六十九兆六千百億円，その他収入は，約七兆五千百億円を見込んでおります。また，公債金は，約三十五兆四千五百億円であり，前年度当初予算に対し，約千七百億円の減額となっております。

次に，主要な経費について申し述べます。

社会保障関係費につきましては，児童手当の抜本的拡充など，「こども未来戦略」に基づく政策をスピード感を持って実行するために必要な経費を確保するとともに，診療報酬，介護報酬，障害福祉サービス等報酬改定において，現場で働く方々の処遇改善を行うこととしております。他方，市場価格を反映した薬価改定など，様々な改革努力を積み重ねた結果，先に申し上げたとおり，実質的な伸びを高齢化による増加分におさめております。

文教及び科学振興費につきましては，小学校高学年における教科担任制の推進等のため必要な措置を行うほか，「科学技術立国」の観点から，AI・量子等の重要分野の研究開発を戦略的に推進するとともに，基礎研究・若手研究者向け支援を充実することとしております。

地方財政につきましては，臨時財政対策債の発行額の縮減

を行うなど，地方財政の健全化を図りつつ，地方の一般財源総額を適切に確保することとしております。

　防衛関係費につきましては，厳しい安全保障環境の中で，防衛力整備計画に基づき，防衛力の強化を着実に進めるとともに，引き続き，防衛力を安定的に維持するための財源を確保することとしております。

　公共事業関係費につきましては，ハード面の整備とソフト面の対策との一体的な取組により，防災・減災，国土強靱化を推進するとともに，持続的な生産性の向上に向けたインフラ整備等についても重点的に取り組んでいくこととしております。

　経済協力費につきましては，厳しい国際情勢の中で，「自由で開かれたインド太平洋」をはじめとする取組を戦略的に実現しつつ，ODAは現下の国際情勢に効果的に対応できる予算を確保することとしております。

　中小企業対策費につきましては，価格転嫁対策，事業再生・事業承継支援など，中小企業等の経営課題に対応することとしております。

　エネルギー対策費につきましては，エネルギー対策特別会計において，GX経済移行債を発行し，カーボンニュートラル目標の達成に必要な民間のGX投資を支援していくこととしております。

　農林水産関係予算につきましては，食料安全保障の強化に向け，水田の畑地化支援による畑作物の生産等を推進するほか，農林水産物の輸出先国の多角化のための販路開拓等の推進，林業・水産業の持続的成長に向けた生産基盤の強化，資源管理等に取り組むこととしております。

　東日本大震災からの復興につきましては，第二期復興・創生期間において，復興のステージの進行に応じたニーズにきめ細かに対応するとともに，「創造的復興」を成し遂げるため，令和六年度東日本大震災復興特別会計の総額を約六千三百億円としております。

　令和六年度財政投融資計画につきましては，成長力強化に向けた重要分野への投資や，国際環境の変化に対応するための海外投融資等に取り組むため，総額約十三兆三千四百億円としております。

　国債管理政策につきましては，借換債を含む国債発行総額が約百八十二兆円と，依然として極めて高い水準にある中で，市場動向も踏まえつつ，引き続き市場との緊密な対話に基づき安定的な国債発行に努めてまいります。

　令和六年度税制改正につきましては，賃金上昇が物価高に追いついていない国民の負担を緩和し，物価上昇を上回る持続的な賃上げが行われる経済の実現を目指す観点から，所得税の定額減税の実施や，賃上げ促進税制の強化等を行うこととしております。また，資本蓄積の推進や生産性の向上により，供給力を強化するため，戦略分野国内生産促進税制やイノベーションボックス税制を創設し，スタートアップ・エコシステムの抜本的強化のための措置を講ずるほか，グローバル化を踏まえたプラットフォーム課税の導入等を行うこととしております。

（むすび）

　以上，財政政策の基本的な考え方と，令和六年度予算及び税制改正の大要について御説明申し上げました。

　歴史的転機を迎える今，将来世代の視点に立って，この時代を俯瞰（ふかん）し，日本の進路を見定める必要があります。未来は現在の連続であり我々の現在の選択が未来を切り拓いていきます。先送りできない課題に挑戦していくとともに，日本経済を立て直し，財政健全化に取り組み，希望ある社会を次の世代に引き継いでいかなければなりません。

　そのため，本予算及び関連法案の一刻も早い成立が必要であります。

　何とぞ御審議の上，速やかに御賛同いただくとともに，財政政策について，国民の皆様及び議員各位の御理解と御協力を切にお願い申し上げます。

令和6年度予算編成の基本方針

$\left(\begin{array}{c}\text{令和5年12月8日}\\ \text{閣　議　決　定}\end{array}\right)$

1．基本的考え方

① 我が国経済は，コロナ禍の3年間を乗り越え，改善しつつある。30年ぶりとなる高水準の賃上げや企業の高い投資意欲など，経済の先行きには前向きな動きが見られており，デフレから脱却できる千載一遇のチャンスを迎えている。

　他方，賃金上昇は物価上昇に追い付いておらず，個人消費は依然力強さを欠いている。これを放置すれば，再びデフレに戻るリスクがあり，また，潜在成長率が0％台半ばの低い水準で推移しているという課題もある。

② こうした中，政府は，「デフレ完全脱却のための総合経済対策」（令和5年11月2日閣議決定）を策定した。この対策は，デフレ脱却のための一時的な措置として国民の可処分所得を下支えするとともに，構造的賃上げに向けた供給力の強化を図るものである。

　3年程度の「変革期間」を視野に入れ，我が国経済を熱量あふれる新たなステージへと移行させるためのスタートダッシュと位置付けられている。

③ 今後の経済財政運営に当たっては，まず，この対策を速やかに実行し，政策効果を国民一人一人，全国津々浦々に届け，デフレから完全脱却するとともに，「新しい資本主義」の旗印の下，社会課題の解決に向けた取組それ自体を成長のエンジンに変えることで，民需主導の持続的な成長，そして，「成長と分配の好循環」の実現を目指す。

　人口減少を乗り越え，変化を力にする社会変革を起動・推進する中で，包摂社会の実現に取り組むとともに，国民の安全・安心の確保に万全を期し，経済社会の持続可能性を担保することを目指す。

④ 持続的で構造的な賃上げの実現を目指し，引き続き，リ・スキリングによる能力向上の支援など，三位一体の労働市場改革，地域の中堅・中小企業，小規模事業者を含め，賃上げに向けた環境整備を進める。中小企業等の価格転嫁の円滑化，資金繰り，経営改善・再生等の支援を行う。

　供給力の強化に向けて，科学技術の振興及びイノベーションの促進，グリーントランスフォーメーション（GX），デジタルトランスフォーメーション（DX），半導体・AI等の分野での国内投資の促進，海洋や宇宙等のフロンティアの開拓，スタートアップへの支援等に取り組む。

⑤ 若者・子育て世代の所得向上に全力で取り組む。全てのこども・子育て世帯を対象とする支援の拡充など，「こども未来戦略方針」（令和5年6月13日閣議決定）で示された「こども・子育て支援加速化プラン」を推進し，少子化対策・こども政策を抜本的に強化する。

　多様性が尊重され，全ての人が力を発揮できる包摂社会の実現を目指し，全世代型社会保障の構築，女性活躍の推進，高齢者活躍の推進，認知症施策，障害者の社会参加や地域移行の推進，就職氷河期世代への支援，孤独・孤立対策等に取り組む。

⑥ 令和6年度の診療報酬・介護報酬・障害福祉サービス等報酬の同時改定においては，物価高騰・賃金上昇，経営の状況，支え手が減少する中での人材確保の必要性，患者・利用者負担・保険料負担への影響を踏まえ，患者・利用者が必要なサービスが受けられるよう，必要な対応を行う。

⑦ 「デジタル田園都市国家構想総合戦略」（令和4年12月23日閣議決定）に基づき，デジタル技術の活用によって，「全国どこでも誰もが便利で快適に暮らせる社会」の実現を目指すとともに，地方活性化に向けた基盤づくりを推進し，地方創生につなげる。

　アナログを前提とした行財政の仕組みを全面的に改革する「デジタル行財政改革」を起動・推進する。人口減少の下でも，従来以上に質の高い公共サービスを効率的に提供するため，利用者起点に立って，教育，交通，介護，子育て・児童福祉等の分野において，デジタル技術の社会実装や制度・規制改革を推進する。

⑧ 質の高い公教育の再生，文化・芸術・スポーツの振興，農林水産業の振興，交通・物流インフラの整備，観光立国に向けた取組の推進，2050年カーボンニュートラルを目指したグリーン社会，地域・くらしの脱炭素化やサーキュラーエコノミーの実現，2025年大阪・関西万博に向けた着実な準備等に取り組む。

⑨ 防災・減災，国土強靱化の取組を着実に推進するとともに，中長期的かつ明確な見通しの下，継続的・安定的に切れ目なく取組が進められるよう，施策の実施状況の調査など，「実施中期計画」の策定に向けた検討を進める。

　東日本大震災からの復興・創生に取り組む。ALPS処理水に関し，引き続き，科学的根拠に基づき，透明性の

高い情報発信を行う。

⑩　ロシアのウクライナ侵略など，国際秩序が重大な挑戦にさらされる中にあって，Ｇ７広島サミットや日本ASEAN友好協力50周年特別首脳会議の成果も踏まえ，グローバル・サウスとの連携の強化を含め，法の支配に基づく自由で開かれた国際秩序の堅持のための外交を積極的に展開する。

　　国民の生命と我が国の領土・領海・領空を断固として守り抜くため，令和５年度から令和９年度までの５年間で43兆円程度の防衛力整備の水準を確保し，防衛力の抜本的強化を速やかに実現する。

⑪　国際環境の不確実性が高まり，グローバル・サプライチェーンの再編が進展する中，高い技術力を持つ我が国として，投資の促進を通じ重要物資の供給力を高め，ショックに対してより強靱な経済社会構造を確立する。

　　半導体を始めとする重要な物資の安定供給の確保や先端的な重要技術の育成など，経済安全保障を推進するとともに，食料安全保障及びエネルギー安全保障を強化する。

⑫　経済財政運営においては，経済の再生が最優先課題である。経済あっての財政であり，経済を立て直し，そして，財政健全化に向けて取り組むとの考え方の下，財政への信認を確保していく。

　　賃金や調達価格の上昇を適切に考慮しつつ，歳出構造を平時に戻していく。

　　政策の長期的方向性や予見可能性を高めるよう，単年度主義の弊害を是正し，国家課題に計画的に取り組む。

２．予算編成についての考え方

①　令和６年度予算は，令和５年度補正予算と一体として，上記の基本的考え方及び「経済財政運営と改革の基本方針2023」（令和５年６月16日閣議決定。以下「骨太方針2023」という。）に沿って編成する。

　　足下の物価高に対応しつつ，持続的で構造的な賃上げや，デフレからの完全脱却と民需主導の持続的な成長の実現に向け，

・　人への投資，科学技術の振興及びイノベーションの促進，GX，DX，半導体・AI等の分野での国内投資の促進，海洋，宇宙等のフロンティアの開拓，スタートアップへの支援，少子化対策・こども政策の抜本強化を含む包摂社会の実現など，新しい資本主義の実現に向けた取組の加速

・　防災・減災，国土強靱化など，国民の安全・安心の確保

・　防衛力の抜本的強化を含む外交・安全保障環境の変化への対応

を始めとする重要な政策課題について，必要な予算措置を講ずるなど，メリハリの効いた予算編成を行う。

②　その際，骨太方針2023で示された「本方針，骨太方針2022及び骨太方針2021に基づき，経済・財政一体改革を着実に推進する。ただし，重要な政策の選択肢をせばめることがあってはならない」との方針を踏まえる。

③　歳出の中身をより結果につながる効果的なものとするため，骨太方針2023を踏まえ，新経済・財政再生計画の改革工程表を改定し，EBPM[1]やPDCA[2]の取組を推進し，効果的・効率的な支出（ワイズスペンディング）を徹底する。

1　Evidence Based Policy Makingの略称。証拠に基づく政策立案をいう。
2　企画立案（Plan），実施（Do），評価（Check），改善（Act）をいう。

令 和 6 年 度 予 算 の 説 明

　令和6年度予算の説明については，財務省ホームページにて公開中の「令和6年度予算及び財政投融資計画の説明」のうち，「第1　総説」の「1　予算編成の前提となる経済情勢及び財政事情」から「4　分野別の概要」までをご参照ください。

○「令和6年度予算及び財政投融資計画の説明　第1　総説」の閲覧方法について
財務省ホームページ→【政策一覧】のうち「予算・決算」→【毎年度の予算・決算】のうち「予算」→「令和6年度予算」→【政府案：国会提出、審議開始】のうち「令和6年度予算及び財政投融資計画の説明　第1　総説」

○URL
https://www.mof.go.jp/policy/budget/budger_workflow/budget/fy2024/20240125105701.html

令 和 6 年 度 税 制 改 正

　令和6年度税制改正については，財務省ホームページにて公開中の「税制改正の概要」をご参照ください。

○「税制改正の概要」の閲覧方法について
財務省ホームページ→【政策一覧】のうち「税制」→【毎年度の税制改正】のうち「税制改正の概要」

○URL
https://www.mof.go.jp/tax_policy/tax_reform/outline/index.html

1. 国（一般会計）と

区　分	番号	国内総生産（名目）		国　（　一　般　会　計　）						
				歳　　　出			国から地方に対する支出(C)	国　の　純　計		
		(A)	伸び率	(B)	伸び率	(B)/(A)		(D＝B－C)	伸び率	(D)/(A)
平成21………	1	4,973,642	△3.6	1,009,734	19.2	20.3	334,263	675,471	19.1	13.6
22………	2	5,048,737	1.5	953,123	△5.6	18.9	320,970	632,153	△6.4	12.5
23………	3	5,000,462	△1.0	1,007,154	5.7	20.1	360,469	646,685	2.3	12.9
24………	4	4,994,206	△0.1	970,872	△3.6	19.4	326,651	644,221	△0.4	12.9
25………	5	5,126,775	2.7	1,001,889	3.2	19.5	331,686	670,202	4.0	13.1
26………	6	5,234,228	2.1	988,135	△1.4	18.9	328,524	659,611	△1.6	12.6
27………	7	5,407,408	3.3	982,303	△0.6	18.2	317,646	664,657	0.8	12.3
28………	8	5,448,299	0.8	975,418	△0.7	17.9	323,141	652,276	△1.9	12.0
29………	9	5,557,125	2.0	981,156	0.6	17.7	311,102	670,054	2.7	12.1
30………	10	5,565,705	0.2	989,747	0.9	17.8	305,122	684,625	2.2	12.3
令和元年度…	11	5,568,454	0.0	1,013,665	2.4	18.2	323,114	690,550	0.9	12.4
2………	12	5,390,091	△3.2	1,475,974	45.6	27.5	537,357	938,617	35.9	17.5
3………	13	5,536,423	2.7	1,446,495	△2.0	26.3	503,970	942,526	0.4	17.1
4………	14	5,664,897	2.3	1,323,855	△8.5	23.4	440,810	883,046	△6.3	15.6
5………	15	5,975,000	5.5	1,143,812	△13.6	19.1	328,560	815,252	△7.7	13.6
6………	16	6,153,000	3.0	1,125,717	△1.6	18.3	340,989	784,728	△3.7	12.8

（備考）1．国内総生産について，令和4年度までは実績値，5年度及び6年度は政府経済見通しによる。
　　　　2．国は4年度までは決算額であり，5年度及び6年度は当初予算額，地方は4年度までは決算額で，5年度以降は地方財政計画額である（地方決算及び地方財政計画は東日本大震災を除いた額）。
　　　　3．「国から地方に対する支出」は，地方交付税交付金（返還金及び前年度繰越額を加算し，翌年度繰越額を除いた額），地方特例交付金等，国庫支出金（交通

2. 一般会計，特別会計，政府関係機

区　　　　分	番号	平成21年度	22	23	24	25	26	27
	一般会計予算総額	1	885,480	922,992	924,116	903,339	926,115	958,823	963,420
	特別会計予算総額	2	3,709,097	3,813,656	4,000,200	4,083,946	4,084,831	4,146,278	4,064,983
	政府関係機関予算総額	3	18,307	21,996	18,428	19,132	17,102	17,991	18,350
歳	計	4	4,612,884	4,758,644	4,942,743	5,006,418	5,028,049	5,123,092	5,046,752
	うち重複額	5	2,397,424	2,474,010	2,601,124	2,580,732	2,585,287	2,719,018	2,636,127
	差引純計額	6	2,215,460	2,284,634	2,341,619	2,425,686	2,442,761	2,404,074	2,410,625
入	地方財政計画額	7	825,557	821,268	825,054	842,764	844,532	855,745	877,675
	再　計	8	3,041,017	3,105,902	3,166,673	3,268,450	3,287,293	3,259,819	3,288,300
	うち重複額	9	291,730	315,628	328,481	343,270	345,139	349,291	354,836
	再差引純計額	10	2,749,287	2,790,274	2,838,192	2,925,180	2,942,154	2,910,528	2,933,464
	一般会計予算総額	11	885,480	922,992	924,116	903,339	926,115	958,823	963,420
	特別会計予算総額	12	3,549,150	3,670,738	3,848,851	3,940,945	3,866,300	4,114,258	4,035,529
	政府関係機関予算総額	13	21,261	31,353	26,130	27,033	25,099	23,370	22,160
歳	計	14	4,455,891	4,625,083	4,799,097	4,871,317	4,817,514	5,096,450	5,021,109
	うち重複額	15	2,373,383	2,447,442	2,573,890	2,560,498	2,565,661	2,702,195	2,621,841
	差引純計額	16	2,082,508	2,177,641	2,225,207	2,310,820	2,251,853	2,394,255	2,399,268
出	地方財政計画額	17	825,557	821,268	825,054	842,764	844,532	855,745	877,675
	再　計	18	2,908,065	2,998,909	3,050,261	3,153,584	3,096,385	3,250,000	3,276,943
	うち重複額	19	291,730	315,628	328,481	343,270	345,139	349,291	354,836
	再差引純計額	20	2,616,335	2,683,281	2,721,780	2,810,314	2,751,246	2,900,709	2,922,107

括

地方との純計

（単位　億円，％）

普通会計歳出 (E)	伸び率	(E)/(A)	地方から国に対する支出 (F)	地方の純計 (G＝E－F)	伸び率	(G)/(A)	国と地方との純計 (H＝D＋G)	伸び率	(H)/(A)	番号
961,064	7.2	19.3	1,859	959,206	7.2	19.3	1,634,677	11.8	32.9	1
947,750	△1.4	18.8	1,486	946,264	△1.3	18.7	1,578,417	△3.4	31.3	2
925,117	△2.4	18.5	1,501	923,615	△2.4	18.5	1,570,301	△0.5	31.4	3
910,987	△1.5	18.2	1,525	909,463	△1.5	18.2	1,553,684	△1.1	31.1	4
931,665	2.3	18.2	1,164	930,502	2.3	18.1	1,600,704	3.0	31.2	5
945,112	1.4	18.1	6,125	938,987	0.9	17.9	1,598,598	△0.1	30.5	6
945,708	0.1	17.5	6,172	939,536	0.1	17.4	1,604,194	0.4	29.7	7
947,666	0.2	17.4	6,955	940,711	0.1	17.3	1,592,988	△0.7	29.2	8
955,066	0.8	17.2	6,427	948,638	0.8	17.1	1,618,692	1.6	29.1	9
959,341	0.4	17.2	6,723	952,618	0.4	17.1	1,637,243	1.1	29.4	10
978,969	2.0	17.6	7,552	971,418	2.0	17.4	1,661,968	1.5	29.8	11
1,239,385	26.6	23.1	8,654	1,230,731	26.7	22.9	2,169,348	30.5	40.4	12
1,224,000	△1.2	22.2	7,716	1,216,284	△1.2	22.1	2,158,810	△0.5	39.2	13
1,167,132	△4.7	20.6	7,409	1,159,723	△4.7	20.5	2,042,769	△5.4	36.1	14
920,350	△21.1	15.4	5,617	914,733	△21.1	15.3	1,729,985	△15.3	29.0	15
936,388	1.7	15.2	5,653	930,735	1.7	15.1	1,715,463	△0.8	27.9	16

安全対策特別交付金，国有提供施設等所在市町村助成交付金を含む。）及び国有資産所在市町村交付金の合計である。なお，特別会計に係る国庫支出金については，ほとんど一般会計からの繰入財源でまかなっているため，一般会計の国庫支出金と同様に取扱っている。
4.　「地方から国に対する支出」は，国の一般会計歳入の公共事業負担金（23年度以降は東日本大震災分を含まない額）である。
5.　5年度の対前年度伸び率は，対決算額による。

関及び地方財政計画純計 （当初予算）

（単位　億円）

28	29	30	令和元年度	2	3	4	5	6	番号
967,218	974,547	977,128	1,014,571	1,026,580	1,066,097	1,075,964	1,143,812	1,125,717	1
4,073,224	3,956,841	3,910,790	3,925,936	3,944,594	4,957,255	4,705,331	4,445,979	4,406,099	2
17,021	16,038	16,524	17,566	16,931	26,775	20,047	22,341	27,151	3
5,057,463	4,947,425	4,904,442	4,958,073	4,988,104	6,050,127	5,801,343	5,612,132	5,558,967	4
2,578,817	2,531,241	2,492,144	2,497,009	2,528,652	3,066,736	3,069,475	3,056,824	2,921,926	5
2,478,647	2,416,185	2,412,298	2,461,063	2,459,453	2,983,391	2,731,867	2,555,308	2,637,041	6
876,702	879,986	881,087	907,975	917,473	902,478	909,928	923,584	939,269	7
3,355,349	3,296,171	3,293,385	3,369,038	3,376,926	3,885,869	3,641,795	3,478,892	3,576,310	8
348,072	344,142	341,002	358,285	362,407	353,897	366,844	370,560	391,951	9
3,007,277	2,952,029	2,952,383	3,010,753	3,014,518	3,531,972	3,274,952	3,108,332	3,184,359	10
967,218	974,547	977,128	1,014,571	1,026,580	1,066,097	1,075,964	1,143,812	1,125,717	11
4,038,517	3,934,290	3,884,960	3,894,569	3,917,591	4,936,992	4,672,824	4,419,088	4,360,362	12
20,768	18,450	17,272	18,173	17,221	32,335	25,192	26,462	30,608	13
5,026,504	4,927,286	4,879,360	4,927,312	4,961,391	6,035,424	5,773,981	5,589,362	5,516,686	14
2,562,122	2,506,021	2,474,596	2,479,093	2,502,725	3,047,502	3,055,211	3,028,455	2,901,774	15
2,464,381	2,421,265	2,404,764	2,448,219	2,458,667	2,987,922	2,718,770	2,560,908	2,614,913	16
876,702	879,986	881,087	907,975	917,473	902,478	909,928	923,584	939,269	17
3,341,083	3,301,251	3,285,851	3,356,194	3,376,140	3,890,400	3,628,698	3,484,492	3,554,182	18
348,072	344,142	341,002	358,285	362,407	353,897	366,844	370,560	391,951	19
2,993,011	2,957,109	2,944,849	2,997,909	3,013,732	3,536,503	3,261,854	3,113,932	3,162,231	20

3.　一般会計歳出

年度	番号	一般会計	伸額	伸率	国債費	伸額	伸率	基礎的財政収支対象経費	伸額	伸率	地方交
昭和60	1	524,996	18,724	3.7	102,242	10,691	11.7	426,211	8,596	2.1	96,901
61	2	540,886	15,890	3.0	113,195	10,954	10.7	430,738	4,527	1.1	101,850
62	3	541,010	124	0.0	113,335	140	0.1	431,582	844	0.2	101,841
63	4	566,997	25,987	4.8	115,120	1,785	1.6	456,170	24,588	5.7	109,056
平成元	5	604,142	37,145	6.6	116,649	1,529	1.3	492,820	36,650	8.0	133,688
2	6	662,368	58,226	9.6	142,886	26,237	22.5	524,354	31,533	6.4	152,751
3	7	703,474	41,106	6.2	160,360	17,474	12.2	548,042	23,689	4.5	159,749
4	8	722,180	18,706	2.7	164,473	4,113	2.6	563,409	15,366	2.8	157,719
5	9	723,548	1,368	0.2	154,423	△10,050	△6.1	574,895	11,486	2.0	156,174
6	10	730,817	7,268	1.0	143,602	△10,821	△7.0	576,420	1,525	0.3	127,578
7	11	709,871	△20,945	△2.9	132,213	△11,389	△7.9	581,877	5,457	0.9	132,154
8	12	751,049	41,178	5.8	163,752	31,539	23.9	590,536	8,658	1.5	136,038
9	13	773,900	22,851	3.0	168,023	4,271	2.6	610,997	20,462	3.5	154,810
10	14	776,692	2,792	0.4	172,628	4,605	2.7	609,223	△1,774	△0.3	158,702
11	15	818,601	41,909	5.4	198,319	25,691	14.9	635,070	25,847	4.2	135,230
12	16	849,871	31,269	3.8	219,653	21,334	10.8	680,656	45,585	7.2	149,304
13	17	826,524	△23,347	△2.7	171,705	△47,948	△21.8	660,172	△20,484	△3.0	168,230
14	18	812,300	△14,224	△1.7	166,712	△4,993	△2.9	650,918	△9,254	△1.4	170,116
15	19	817,891	5,591	0.7	167,981	1,269	0.8	654,689	3,772	0.6	173,988
16	20	821,109	3,218	0.4	175,686	7,705	4.6	650,213	△4,476	△0.7	164,935
17	21	821,829	720	0.1	184,422	8,736	5.0	643,511	△6,702	△1.0	160,889
18	22	796,860	△24,969	△3.0	187,616	3,194	1.7	613,001	△30,509	△4.7	145,584
19	23	829,088	32,228	4.0	209,988	22,372	11.9	622,461	9,459	1.5	149,316
20	24	830,613	1,525	0.2	201,632	△8,356	△4.0	632,226	9,766	1.6	156,136
21	25	885,480	54,867	6.6	202,437	805	0.4	686,679	54,452	8.6	165,733
22	26	922,992	37,512	4.2	206,491	4,053	2.0	712,377	25,699	3.7	174,777
23	27	924,116	1,124	0.1	215,491	9,000	4.4	712,449	72	0.0	167,845
24	28	903,339	△20,777	△2.2	219,442	3,951	1.8	687,908	△24,541	△3.4	165,940
25	29	926,115	22,776	2.5	222,415	2,973	1.4	707,017	19,109	2.8	163,927
26	30	958,823	32,708	3.5	232,702	10,287	4.6	729,712	22,695	3.2	161,424
27	31	963,420	4,596	0.5	234,507	1,805	0.8	731,767	2,055	0.3	155,357
28	32	967,218	3,799	0.4	236,121	1,614	0.7	733,814	2,046	0.3	152,811
29	33	974,547	7,329	0.8	235,285	△836	△0.4	742,882	9,068	1.2	155,671
30	34	977,128	2,581	0.3	233,020	△2,265	△1.0	747,055	4,173	0.6	155,150
令和元	35	1,014,571	37,443	3.8	235,082	2,062	0.9	782,612	35,558	4.8	159,850
2	36	1,026,580	12,009	1.2	233,515	△1,567	△0.7	797,281	14,669	1.9	158,093
3	37	1,066,097	39,517	3.8	237,588	4,072	1.7	833,744	36,463	4.6	159,489
4	38	1,075,964	9,867	0.9	243,393	5,805	2.4	837,166	3,422	0.4	158,825
5	39	1,143,812	67,848	6.3	252,503	9,111	3.7	895,195	58,029	6.9	163,992
6	40	1,125,717	△18,095	△1.6	270,090	17,587	7.0	859,390	△35,805	△4.0	177,863

(注) 1.　基礎的財政収支対象経費は一般会計歳出総額から利払費，債務償還費（交付国債分を除く）等を除いたもの。
　　　2.　公債依存度＝公債発行額／一般会計歳出額（平成24年度当初は，基礎年金国庫負担2分の1ベースの一般会計歳出総額で算出。）
　　　3.　平成11～令和6年度の地方交付税交付金等には，地方特例交付金を含む。
　　　4.　公債発行額は，平成6～8年度は消費税率3％から5％への引上げに先行して行った減税による租税収入の減少を補うための減税特例公債，平
　　　　 成24，25年度は基礎年金国庫負担2分の1を実現する財源を調達するための年金特例公債を除いている。
　　　5.　公債残高は，令和4年度までは普通国債の各年度の3月末現在額であり，令和5年度は補正後予算，令和6年度は当初予算に基づく見込みである。
　　　6.　特例公債残高には，昭和40年度の歳入補填債残高，臨時特例公債残高，減税特例公債残高，国鉄清算事業団承継債務借換公債残高，国有林野事

等の推移（当初予算）

（単位　億円，%）

| 付税交付金等 | | 公債発行額 | | | 公債残高 | | | | 国債費一般会計 | 利払費 | | 番号 |
伸額	伸率		公債依存度	特例公債		伸率	公債残高GDP	特例公債残高			利払費一般会計	
8,037	9.0	116,800	22.2	57,300	1,344,314	10.5	40.7	591,821	19.5	98,785	18.8	1
4,949	5.1	109,460	20.2	52,460	1,451,267	8.0	42.4	637,205	20.9	106,048	19.6	2
△8	△0.0	105,010	19.4	49,810	1,518,093	4.6	41.9	652,709	20.9	109,428	20.2	3
7,215	7.1	88,410	15.6	31,510	1,567,803	3.3	40.4	654,272	20.3	110,827	19.5	4
24,632	22.6	71,110	11.8	13,310	1,609,100	2.6	38.7	640,901	19.3	111,321	18.4	5
19,063	14.3	55,932	8.4	—	1,663,379	3.4	36.8	645,197	21.6	110,694	16.7	6
6,998	4.6	53,430	7.6	—	1,716,473	3.2	36.2	641,317	22.8	119,301	17.0	7
△2,030	△1.3	72,800	10.1	—	1,783,681	3.9	36.9	626,020	22.8	121,257	16.8	8
△1,545	△1.0	81,300	11.2	—	1,925,393	7.9	39.9	610,759	21.3	116,614	16.1	9
△28,596	△18.3	105,092	14.4	—	2,066,046	7.3	40.4	642,272	19.6	115,875	15.9	10
4,576	3.6	97,469	13.7	—	2,251,847	9.0	42.9	674,927	18.6	116,505	16.4	11
3,884	2.9	191,494	25.5	101,184	2,446,581	8.6	45.4	768,770	21.8	117,031	15.6	12
18,771	13.8	167,070	21.6	74,700	2,579,875	5.4	47.6	830,795	21.7	116,821	15.1	13
3,892	2.5	155,570	20.0	71,300	2,952,491	14.4	55.2	1,078,427	22.2	115,892	14.9	14
△23,472	△14.8	310,500	37.9	217,100	3,316,687	12.3	62.5	1,344,794	24.2	113,682	13.9	15
14,074	10.4	326,100	38.4	234,600	3,675,547	10.8	68.4	1,584,401	25.8	107,432	12.6	16
18,926	12.7	283,180	34.3	195,580	3,924,341	6.8	74.4	1,761,227	20.8	104,023	12.6	17
1,886	1.1	300,000	36.9	232,100	4,210,991	7.3	80.4	1,990,749	20.5	95,944	11.8	18
3,872	2.3	364,450	44.6	300,250	4,569,736	8.5	86.8	2,306,157	20.5	90,602	11.1	19
△9,053	△5.2	365,900	44.6	300,900	4,990,137	9.2	94.2	2,576,019	21.4	87,342	10.6	20
△4,046	△2.5	343,900	41.8	282,100	5,269,279	5.6	98.7	2,798,883	22.4	88,641	10.8	21
△15,305	△9.5	299,730	37.6	244,890	5,317,015	0.9	99.0	2,884,744	23.5	86,481	10.9	22
3,732	2.6	254,320	30.7	202,010	5,414,584	1.8	100.6	3,045,244	25.3	95,143	11.5	23
6,820	4.6	253,480	30.5	201,360	5,459,356	0.8	105.8	3,210,234	24.3	93,406	11.2	24
9,597	6.1	332,940	37.6	257,150	5,939,717	8.8	119.4	3,556,263	22.9	94,202	10.6	25
9,044	5.5	443,030	48.0	379,500	6,363,117	7.1	126.0	3,900,053	22.4	97,567	10.6	26
△6,932	△4.0	442,980	47.9	382,080	6,698,674	5.3	134.0	4,109,080	23.3	99,238	10.7	27
△1,905	△1.1	442,440	47.6	383,350	7,050,072	5.2	141.2	4,447,802	24.3	98,403	10.9	28
△2,013	△1.2	428,510	46.3	370,760	7,438,676	5.5	145.1	4,768,292	24.0	98,697	10.7	29
△2,502	△1.5	412,500	43.0	352,480	7,740,831	4.1	147.9	5,056,874	24.3	100,980	10.5	30
△6,067	△3.8	368,630	38.3	308,600	8,054,182	4.0	148.9	5,335,196	24.3	101,151	10.5	31
△2,547	△1.6	344,320	35.6	283,820	8,305,733	3.1	152.4	5,554,934	24.4	98,687	10.2	32
2,860	1.9	343,698	35.3	282,728	8,531,789	2.7	153.5	5,785,393	24.1	91,328	9.4	33
△521	△0.3	336,922	34.5	275,982	8,740,434	2.4	157.0	5,984,819	23.8	89,978	9.2	34
4,701	3.0	326,605	32.2	257,085	8,866,945	1.4	159.2	6,076,214	23.2	88,153	8.7	35
△1,758	△1.1	325,562	31.7	254,462	9,466,468	6.8	175.6	6,565,519	22.7	83,904	8.2	36
1,396	0.9	435,970	40.9	372,560	9,914,111	4.7	179.1	6,986,282	22.3	85,036	8.0	37
△664	△0.4	369,260	34.3	306,750	10,270,973	3.6	181.3	7,297,114	22.6	82,472	7.7	38
5,166	3.3	356,230	31.1	290,650	10,757,132	4.7	180.0	7,740,891	22.1	84,723	7.4	39
13,871	8.5	354,490	31.5	218,870	11,053,645	2.8	179.6	8,026,049	24.0	96,910	8.6	40

業承継債務借換公債残高，交付税及び譲与税配付金承継債務借換公債残高及び年金特例公債残高，GX経済移行債残高及び子ども・子育て支援特例公債残高が含まれる。

7.　令和4年度までの公債残高は翌年度借換のための前倒債発行額を含んだ額であり，令和5年度及び令和6年度の公債残高は前倒債の限度額を含んだ額。

8.　GDPは，令和4年度までは実績値，令和5年度及び令和6年度は政府経済見通しによる。

9.　令和元年度及び令和2年度は臨時・特別の措置を含む計数。

4．一般会計歳入歳出予算
5．特別会計歳入歳出予算
6．政府関係機関収入支出予算

　以下の項目については，財務省ホームページにて公開中の「令和6年度予算及び財政投融資計画の説明」のうち，「第1総説」の（付）部分をご参照ください。

4．一般会計歳入歳出予算
5．特別会計歳入歳出予算
6．政府関係機関収入支出予算

○「令和6年度予算及び財政投融資計画の説明　第1　総説」の閲覧方法について
財務省ホームページ→【政策一覧】のうち「予算・決算」→【毎年度の予算・決算】のうち「予算」→「令和6年度予算」→【政府案：国会提出、審議開始】のうち「令和6年度予算及び財政投融資計画の説明　第1　総説」

○URL
https://www.mof.go.jp/policy/budget/budger_workflow/budget/fy2024/20240125105701.html

第2部　　明　細　統　計

　以下の項目については，財務省ホームページにて公開中の「令和6年度予算及び財政投融資計画の説明」（以下，「予算の説明」）のうち，「第2　一般会計」「第3　特別会計」「第4　政府関係機関」をご参照ください。

1．一般会計予算……「予算の説明」のうち，「第2　一般会計（A）歳出（B）歳入」
2．特別会計予算……「予算の説明」のうち，「第3　特別会計」
3．政府関係機関予算……「予算の説明」のうち，「第4　政府関係機関」

○「令和6年度予算及び財政投融資計画の説明」の閲覧方法について
財務省ホームページ→【政策一覧】のうち「予算・決算」→【毎年度の予算・決算】のうち「予算」→「令和6年度予算」→【政府案：国会提出、審議開始】のうち「令和6年度予算及び財政投融資計画の説明」

○URL
https://www.mof.go.jp/policy/budget/budger_workflow/budget/fy2024/20240125105701.html

第３部　　　参

1.　一般会計歳出予算

区　　　分	令和２年度		3		4		5		6	
	予算額	構成比	予算額	構成比	予算額	構成比	予算額	構成比	予算額	構成比
総　　　　　額	(173,922,832) 175,687,767	(100.0) 100.0	142,599,219	100.0	139,219,569	100.0	127,580,400	100.0	112,571,688	100.0
社 会 保 障 関 係 費	(44,130,802) 44,179,459	(25.4) 25.1	46,950,045	32.9	40,939,134	29.4	38,188,520	29.9	37,719,301	33.5
1. 年 金 給 付 費	(12,523,171) 12,523,171	(7.2) 7.1	12,700,454	8.9	12,764,072	9.2	13,085,689	10.3	13,401,997	11.9
2. 医 療 給 付 費	(12,151,312) 12,151,312	(7.0) 6.9	12,031,186	8.4	12,164,022	8.7	12,191,640	9.6	12,236,599	10.9
3. 介 護 給 付 費	(3,371,153) 3,371,153	(1.9) 1.9	3,581,282	2.5	3,578,389	2.6	3,714,880	2.9	3,718,779	3.3
4. 少 子 化 対 策 費	(3,058,779) 3,058,779	(1.8) 1.7	3,017,369	2.1	3,182,926	2.3	3,081,320	2.4	3,382,304	3.0
5. 生活扶助等社会福祉費	(5,569,034) 5,594,196	(3.2) 3.2	7,636,284	5.4	4,545,198	3.3	4,596,893	3.6	4,491,222	4.0
6. 保 健 衛 生 対 策 費	(6,302,547) 6,326,042	(3.6) 3.6	5,262,148	3.7	3,849,829	2.8	1,471,922	1.2	444,404	0.4
7. 雇 用 労 災 対 策 費	(1,154,807) 1,154,807	(0.7) 0.7	2,721,323	1.9	854,697	0.6	46,176	0.0	43,996	0.0
文 教 及 び 科 学 振 興 費	(9,262,635) 9,376,939	(5.3) 5.3	8,114,280	5.7	8,812,721	6.3	8,506,558	6.7	5,471,618	4.9
1. 義務教育費国庫負担金	(1,526,108) 1,526,108	(0.9) 0.9	1,527,126	1.1	1,515,650	1.1	1,560,088	1.2	1,562,712	1.4
2. 科 学 技 術 振 興 費	(4,675,400) 4,682,753	(2.7) 2.7	3,709,373	2.6	4,181,875	3.0	4,164,992	3.3	1,409,224	1.3
3. 文 教 施 設 費	(245,106) 295,806	(0.1) 0.2	211,379	0.1	201,707	0.1	232,369	0.2	73,217	0.1
4. 教 育 振 興 助 成 費	(2,687,632) 2,743,883	(1.5) 1.6	2,472,884	1.7	2,778,859	2.0	2,425,005	1.9	2,308,619	2.1
5. 育 英 事 業 費	(128,388) 128,388	(0.1) 0.1	193,518	0.1	134,630	0.1	124,103	0.1	117,846	0.1
国　　　債　　　費	(23,024,585) 23,024,585	(13.2) 13.1	24,705,123	17.3	24,071,663	17.3	25,674,763	20.1	27,009,019	24.0
恩 給 関 係 費	(174,815) 174,815	(0.1) 0.1	145,476	0.1	121,798	0.1	96,883	0.1	77,130	0.1
地 方 交 付 税 交 付 金	(16,030,635) 16,030,635	(9.2) 9.1	19,102,875	13.4	17,290,659	12.4	16,964,259	13.3	16,654,311	14.8
地 方 特 例 交 付 金	(225,609) 225,609	(0.1) 0.1	454,707	0.3	222,707	0.2	216,900	0.2	1,132,000	1.0
防 衛 関 係 費	(5,624,967) 5,675,803	(3.2) 3.2	6,089,069	4.3	5,810,492	4.2	12,019,491	9.4	7,917,177	7.0
下 記 繰 入 れ 除 く	(5,624,967) 5,675,803	(3.2) 3.2	6,089,069	4.3	5,810,492	4.2	7,599,836	6.0	7,917,177	7.0
防 衛 力 強 化 資 金 繰 入 れ	(－) －	(－) －	－	－	－	－	4,419,655	3.5	－	－

(注)　1.　6年度を除き，各年度とも補正後予算である。
　　　　2.　2年度の本書は通常分と臨時・特別の措置の合計額，上段（　）書きは通常分の予算額である。

考 統 計

主要経費別累年比較

区 分	令和2年度 予算額	令和2年度 構成比	3 予算額	3 構成比	4 予算額	4 構成比	5 予算額	5 構成比	6 予算額	6 構成比
公 共 事 業 関 係 費	(8,478,994) 9,269,194	(4.9) 5.3	8,066,324	5.7	8,053,253	5.8	8,257,895	6.5	6,082,750	5.4
1. 治山治水対策事業費	(1,365,065) 1,584,911	(0.8) 0.9	1,244,213	0.9	1,282,843	0.9	1,311,272	1.0	954,832	0.8
2. 道 路 整 備 事 業 費	(2,017,715) 2,143,912	(1.2) 1.2	1,978,961	1.4	1,979,681	1.4	2,061,758	1.6	1,671,492	1.5
3. 港湾空港鉄道等整備事業費	(483,461) 529,073	(0.3) 0.3	487,269	0.3	493,188	0.4	505,995	0.4	403,734	0.4
4. 住宅都市環境整備事業費	(716,106) 737,155	(0.4) 0.4	813,028	0.6	977,435	0.7	975,644	0.8	730,304	0.6
5. 公園水道廃棄物処理等施設整備費	(207,962) 217,962	(0.1) 0.1	210,327	0.1	235,996	0.2	261,848	0.2	196,806	0.2
6. 農林水産基盤整備事業費	(876,486) 954,994	(0.5) 0.5	866,602	0.6	845,612	0.6	862,821	0.7	607,968	0.5
7. 社会資本総合整備事業費	(2,052,797) 2,341,785	(1.2) 1.3	1,913,147	1.3	1,711,694	1.2	1,730,035	1.4	1,377,105	1.2
8. 推 進 費 等	(78,553) 78,553	(0.0) 0.0	76,003	0.1	67,773	0.0	68,288	0.1	62,338	0.1
9. 災 害 復 旧 等 事 業 費	(680,849) 680,849	(0.4) 0.4	476,774	0.3	459,031	0.3	480,236	0.4	78,171	0.1
経 済 協 力 費	(790,007) 790,007	(0.5) 0.4	668,694	0.5	846,966	0.6	793,351	0.6	504,106	0.4
中 小 企 業 対 策 費	(26,173,746) 26,176,746	(15.0) 14.9	4,146,924	2.9	1,418,542	1.0	735,381	0.6	169,316	0.2
エ ネ ル ギ ー 対 策 費	(974,862) 1,023,581	(0.6) 0.6	1,266,431	0.9	2,196,830	1.6	1,028,096	0.8	832,921	0.7
食 料 安 定 供 給 関 係 費	(1,842,264) 1,843,031	(1.1) 1.0	1,774,961	1.2	1,761,321	1.3	1,701,231	1.3	1,261,796	1.1
そ の 他 の 事 項 経 費	(27,038,912) 27,747,365	(15.5) 15.8	15,614,309	10.9	15,913,484	11.4	10,397,072	8.1	5,740,244	5.1
原油価格・物価高騰対策及び賃上げ促進環境整備対応予備費	(9,650,000) 9,650,000	(5.5) 5.5	5,000,000	3.5	9,860,000	7.1	2,000,000	1.6	1,000,000	0.9
ウクライナ情勢経済緊急対応予備費	(—) —	(—) —	—	—	1,000,000	0.7	500,000	0.4	—	—
予 備 費	(500,000) 500,000	(0.3) 0.3	500,000	0.4	900,000	0.6	500,000	0.4	1,000,000	0.9

２．一般会計歳出予算所管別累年比較

(単位　百万円)

区　　分	令和２年度	3	4	5	6
皇　室　費	(11,552) 11,552	12,418	7,309	6,708	10,142
国　　会	(131,584) 131,584	133,712	133,274	133,536	129,977
裁　判　所	(323,895) 326,295	325,334	324,021	326,876	330,979
会　計　検　査　院	(16,705) 16,705	16,612	17,147	16,225	16,283
内　　閣	(225,789) 225,789	407,371	132,437	150,325	111,460
内　閣　府	(8,970,034) 9,015,852	13,805,171	5,267,876	6,780,157	5,067,112
デ　ジ　タ　ル　庁	(－) －	134,248	592,920	667,343	496,407
総　務　省	(30,302,401) 30,552,186	22,237,479	18,219,608	18,381,430	18,210,672
法　務　省	(811,454) 843,307	760,285	768,455	750,698	740,479
外　務　省	(946,293) 946,293	834,293	954,177	1,008,277	725,716
財　務　省	(43,592,487) 43,592,487	31,388,313	37,603,124	34,641,990	30,277,723
文　部　科　学　省	(6,920,052) 7,029,247	6,842,352	6,736,665	6,622,901	5,338,440
厚　生　労　働　省	(41,292,629) 41,343,086	41,565,698	38,105,923	34,568,345	33,819,069
農　林　水　産　省	(3,405,632) 3,485,678	2,919,039	2,846,347	2,832,698	2,093,344
経　済　産　業　省	(21,425,398) 21,720,823	6,473,870	13,111,480	4,426,472	869,512
国　土　交　通　省	(9,459,278) 10,278,712	8,189,685	8,125,795	8,180,032	6,096,484
環　境　省	(462,681) 492,369	464,270	462,519	486,550	320,712
防　衛　省	(5,624,967) 5,675,803	6,089,069	5,810,492	7,599,836	7,917,177
合　　計	(173,922,832) 175,687,767	142,599,219	139,219,569	127,580,400	112,571,688

(注)　1.　6年度を除き，各年度とも補正後予算である。
　　　2.　2年度の本書は通常分と臨時・特別の措置の合計額，上段（　）書きは通常分の予算額である。

3．一般会計歳出予算目的別

(単位　百万円，％)

区　　　分	令和5年度予算額			令和6年度			増　減（△）	
	当　　初	補 正 後	構成比		構成比	対当初伸び率	当　　初	補 正 後
国 家 機 関 費	5,124,715	6,694,014	5.2	5,120,813	4.5	△0.1	△3,902	△1,573,201
地 方 財 政 費	16,474,893	17,256,746	13.5	17,859,102	15.9	8.4	1,384,210	602,356
防 衛 関 係 費	6,803,940	7,615,812	6.0	7,930,610	7.0	16.6	1,126,670	314,798
国 土 保 全 及 び 開 発 費	6,193,238	8,256,197	6.5	6,163,995	5.5	△0.5	△29,243	△2,092,202
産 業 経 済 費	2,631,844	6,862,398	5.4	2,616,011	2.3	△0.6	△15,833	△4,246,388
教 育 文 化 費	5,144,031	6,567,805	5.1	5,182,072	4.6	0.7	38,041	△1,385,733
社 会 保 障 関 係 費	37,438,576	38,998,333	30.6	38,296,120	34.0	2.3	857,544	△702,214
恩 給 費	95,989	95,927	0.1	76,156	0.1	△20.7	△19,832	△19,770
国 債 費	25,250,340	25,674,763	20.1	27,009,019	24.0	7.0	1,758,679	1,334,256
原油価格・物価高騰対策及び賃上げ促進環境整備対応予備費	4,000,000	2,000,000	1.6	1,000,000	0.9	△75.0	△3,000,000	△1,000,000
ウクライナ情勢経済緊急対応予備費	1,000,000	500,000	0.4	−	−	皆減	△1,000,000	△500,000
予 備 費	500,000	500,000	0.4	1,000,000	0.9	100.0	500,000	500,000
そ の 他	3,723,670	6,558,405	5.1	317,791	0.3	△91.5	△3,405,880	△6,240,614
合　　　　　計	114,381,236	127,580,400	100.0	112,571,688	100.0	△1.6	△1,809,547	△15,008,711

(注)　5年度予算額は，6年度予算額との比較対照のため，組替えをしてある。

４．一般会計歳出予算

区　　　　分	令和2年度 予算額	令和2年度 構成比	3 予算額	3 構成比	4 予算額	4 構成比	5 予算額	5 構成比	6 予算額	6 構成比
総　　　　額	(173,922,832) 175,687,767	(100.0) 100.0	142,599,219	100.0	139,219,569	100.0	127,580,400	100.0	112,571,688	100.0
1.国　家　機　関　費	(5,979,801) 6,422,556	(3.4) 3.7	7,454,795	5.2	5,951,464	4.3	6,694,012	5.2	5,120,813	4.5
(1)　皇　室　費	(11,550) 11,550	(0.0) 0.0	12,416	0.0	7,307	0.0	6,707	0.0	10,140	0.0
(2)　国　会　費	(130,529) 130,529	(0.1) 0.1	132,616	0.1	132,228	0.1	132,424	0.1	128,778	0.1
(3)　選　挙　費	(202) 202	(0.0) 0.0	68,007	0.0	60,699	0.0	270	0.0	229	0.0
(4)　司法,警察及び消防費	(1,696,518) 1,761,227	(1.0) 1.0	1,670,552	1.2	1,659,977	1.2	1,679,104	1.3	1,566,755	1.4
(5)　外　交　費	(1,041,893) 1,041,893	(0.6) 0.6	892,163	0.6	1,057,318	0.8	1,119,876	0.9	760,703	0.7
(6)　一　般　行　政　費	(2,253,723) 2,631,769	(1.3) 1.5	3,931,066	2.8	2,292,842	1.6	2,996,366	2.3	1,925,718	1.7
(7)　徴　税　費	(827,634) 827,634	(0.5) 0.5	729,991	0.5	723,955	0.5	741,898	0.6	711,218	0.6
(8)　貨　幣　製　造　費	(17,752) 17,752	(0.0) 0.0	17,983	0.0	17,138	0.0	17,367	0.0	17,272	0.0
2.地　方　財　政　費	(16,333,967) 16,333,967	(9.4) 9.3	19,634,444	13.8	17,591,546	12.6	17,256,746	13.5	17,859,102	15.9
(1)　地方財政調整費	(16,256,244) 16,256,244	(9.3) 9.3	19,557,583	13.7	17,513,366	12.6	17,181,159	13.5	17,786,311	15.8
(2)　そ　の　他	(77,723) 77,723	(0.0) 0.0	76,861	0.1	78,180	0.1	75,587	0.1	72,791	0.1
3.防　衛　関　係　費	(5,638,741) 5,689,577	(3.2) 3.2	6,103,458	4.3	5,826,046	4.2	7,615,812	6.0	7,930,610	7.0
4.国土保全及び開発費	(8,564,813) 9,366,715	(4.9) 5.3	8,117,555	5.7	7,973,647	5.7	8,181,426	6.5	6,163,995	5.5
(1)　国　土　保　全　費	(1,582,568) 1,823,388	(0.9) 1.0	1,470,719	1.0	1,490,178	1.1	1,538,960	1.2	1,107,409	1.0
(2)　国　土　開　発　費	(6,056,863) 6,615,535	(3.5) 3.8	5,920,187	4.2	5,774,407	4.1	5,914,876	4.7	4,772,394	4.2
(3)　災　害　対　策　費	(678,613) 678,613	(0.4) 0.4	477,614	0.3	456,316	0.3	481,822	0.4	79,491	0.1
(4)　試　験　研　究　費	(66,608) 68,018	(0.0) 0.0	62,024	0.0	66,215	0.0	65,927	0.1	53,739	0.0
(5)　そ　の　他	(180,162) 181,162	(0.1) 0.1	187,011	0.1	186,530	0.1	179,841	0.1	150,961	0.1
5.産　業　経　済　費	(34,508,238) 34,804,429	(19.8) 19.8	9,137,829	6.4	15,079,197	10.8	6,862,398	5.4	2,616,011	2.3
(1)　農　林　水　産　業　費	(2,301,575) 2,302,341	(1.3) 1.3	1,913,739	1.3	1,884,229	1.4	1,839,641	1.4	1,378,543	1.2
(2)　商　工　鉱　業　費	(30,636,882) 30,931,307	(17.6) 17.6	6,490,939	4.6	12,607,519	9.1	4,503,667	3.5	937,622	0.8
(3)　運　輸　通　信　費	(1,473,812) 1,474,812	(0.8) 0.8	647,295	0.5	493,856	0.4	419,156	0.3	201,646	0.2
(4)　物資及び物価調整費	(95,969) 95,969	(0.1) 0.1	85,856	0.1	93,594	0.1	99,935	0.1	98,199	0.1

(注)　1.　6年度を除き，各年度とも補正後予算である。
　　　2.　2年度の本書は通常分と臨時・特別の措置の合計額，上段（　）書きは通常分の予算額である。

目的別累年比較

（単位　百万円，％）

区　　　分	令和2年度 予算額	令和2年度 構成比	3 予算額	3 構成比	4 予算額	4 構成比	5 予算額	5 構成比	6 予算額	6 構成比
6. 教 育 文 化 費	(6,864,644) 6,977,539	(3.9) 4.0	6,913,254	4.8	7,423,493	5.3	6,567,805	5.1	5,182,072	4.6
(1) 学 校 教 育 費	(4,332,856) 4,439,807	(2.5) 2.5	4,235,627	3.0	4,449,486	3.2	4,170,423	3.3	3,891,653	3.5
(2) 社会教育及び文化費	(358,810) 358,810	(0.2) 0.2	250,717	0.2	226,952	0.2	184,755	0.1	151,539	0.1
(3) 科 学 振 興 費	(2,167,500) 2,173,443	(1.2) 1.2	2,423,572	1.7	2,733,981	2.0	2,209,223	1.7	1,138,449	1.0
(4) 災 害 対 策 費	(5,478) 5,478	(0.0) 0.0	3,337	0.0	13,073	0.0	3,404	0.0	431	0.0
7. 社 会 保 障 関 係 費	(44,723,781) 44,780,138	(25.7) 25.5	47,666,229	33.4	41,794,423	30.0	39,073,106	30.6	38,296,120	34.0
(1) 社 会 保 険 費	(27,185,316) 27,185,316	(15.6) 15.5	29,021,195	20.4	27,505,234	19.8	27,419,602	21.5	27,875,251	24.8
(2) 生 活 保 護 費	(2,821,365) 2,821,365	(1.6) 1.6	2,844,088	2.0	2,833,898	2.0	2,830,316	2.2	2,835,447	2.5
(3) 社 会 福 祉 費	(4,686,503) 4,711,665	(2.7) 2.7	6,857,305	4.8	3,921,625	2.8	3,876,351	3.0	3,888,612	3.5
(4) 住 宅 対 策 費	(158,133) 158,833	(0.1) 0.1	218,779	0.2	330,317	0.2	333,612	0.3	156,106	0.1
(5) 失 業 対 策 費	(402,983) 402,983	(0.2) 0.2	332,516	0.2	83,696	0.1	27,473	0.0	25,043	0.0
(6) 保 健 衛 生 費	(6,803,344) 6,833,839	(3.9) 3.9	5,695,313	4.0	4,407,254	3.2	1,976,933	1.5	768,744	0.7
(7) 試 験 研 究 費	(95,752) 95,752	(0.1) 0.1	69,554	0.0	69,299	0.0	74,454	0.1	66,026	0.1
(8) 災 害 対 策 費	(25,133) 25,133	(0.0) 0.0	19,554	0.0	26,209	0.0	17,249	0.0	3,491	0.0
(9) そ の 他	(2,545,251) 2,545,251	(1.5) 1.4	2,607,924	1.8	2,616,892	1.9	2,517,116	2.0	2,677,399	2.4
8. 恩 給 費	(173,909) 173,909	(0.1) 0.1	144,541	0.1	120,852	0.1	95,927	0.1	76,156	0.1
(1) 文 官 恩 給 費	(5,700) 5,700	(0.0) 0.0	5,069	0.0	4,493	0.0	3,870	0.0	3,363	0.0
(2) 旧軍人遺族等恩給費	(158,272) 158,272	(0.1) 0.1	130,029	0.1	108,867	0.1	85,194	0.1	66,586	0.1
(3) そ の 他	(9,937) 9,937	(0.0) 0.0	9,443	0.0	7,492	0.0	6,862	0.0	6,207	0.0
9. 国 債 費	(23,024,585) 23,024,585	(13.2) 13.1	24,705,123	17.3	24,071,663	17.3	25,674,763	20.1	27,009,019	24.0
10. 原油価格・物価高騰対策及び賃上げ促進環境整備対応予備費	(9,650,000) 9,650,000	(5.5) 5.5	5,000,000	3.5	9,860,000	7.1	2,000,000	1.6	1,000,000	0.9
11. ウクライナ情勢経済緊急対応予備費	(—) —	(—) —	—	—	1,000,000	0.7	500,000	0.4	—	—
12. 予 備 費	(500,000) 500,000	(0.3) 0.3	500,000	0.4	900,000	0.6	500,000	0.4	1,000,000	0.9
13. そ の 他	(17,960,352) 17,964,352	(10.3) 10.2	7,221,990	5.1	1,627,239	1.2	6,558,405	5.1	317,791	0.3
(1) そ の 他 行 政 費	(77,232) 81,232	(0.0) 0.0	77,649	0.1	126,661	0.1	95,649	0.1	65,451	0.1
(2) そ の 他	(17,883,121) 17,883,121	(10.3) 10.2	7,144,341	5.0	1,500,577	1.1	6,462,756	5.1	252,339	0.2

5．歳出（支出）予算使途別累年比較

（単位　百万円，％）

区　分	令和2年度 予算額	令和2年度 構成比	3 予算額	3 構成比	4 予算額	4 構成比	5 予算額	5 構成比	6 予算額	6 構成比

(1)　一　般　会　計

区　分	令和2年度 予算額	構成比	3 予算額	構成比	4 予算額	構成比	5 予算額	構成比	6 予算額	構成比
人　件　費	(4,389,946) 4,389,946	(2.5) 2.5	4,471,432	3.1	4,481,045	3.2	4,480,370	3.5	4,565,369	4.1
旅　　費	(97,916) 98,025	(0.1) 0.1	103,842	0.1	98,977	0.1	105,475	0.1	102,939	0.1
物　件　費	(4,664,912) 4,730,166	(2.7) 2.7	4,138,775	2.9	4,126,787	3.0	5,129,942	4.0	5,462,110	4.9
施　設　費	(4,778,159) 5,250,302	(2.7) 3.0	4,933,080	3.5	4,812,308	3.5	5,631,724	4.4	4,302,557	3.8
補助費・委託費	(70,151,198) 71,329,907	(40.3) 40.6	55,359,971	38.8	53,069,343	38.1	43,691,146	34.2	33,081,700	29.4
他会計へ繰入	(56,132,691) 56,181,410	(32.3) 32.0	62,874,576	44.1	59,123,648	42.5	63,978,244	50.1	61,779,779	54.9
そ　の　他	(33,708,012) 33,708,012	(19.4) 19.2	10,717,543	7.5	13,507,461	9.7	4,563,499	3.6	3,277,235	2.9
計	(173,922,832) 175,687,767	(100.0) 100.0	142,599,219	100.0	139,219,569	100.0	127,580,400	100.0	112,571,688	100.0

(2)　特　別　会　計

区　分	令和2年度 予算額	構成比	3 予算額	構成比	4 予算額	構成比	5 予算額	構成比	6 予算額	構成比
人　件　費	198,493	0.0	194,819	0.0	190,378	0.0	185,663	0.0	195,271	0.0
旅　　費	7,261	0.0	6,948	0.0	6,350	0.0	6,388	0.0	6,430	0.0
物　件　費	1,335,406	0.3	1,222,357	0.3	1,152,384	0.3	1,465,053	0.3	1,471,757	0.3
施　設　費	749,307	0.2	362,166	0.1	394,728	0.1	352,424	0.1	297,939	0.1
補助費・委託費	41,681,517	9.9	46,171,518	10.0	43,821,504	9.8	44,820,825	10.4	45,414,471	10.4
他会計へ繰入	127,125,903	30.1	114,263,703	24.7	108,286,704	24.1	90,310,275	20.9	102,272,033	23.5
そ　の　他	251,182,925	59.5	300,499,250	64.9	294,898,826	65.7	295,283,108	68.3	286,378,256	65.7
計	422,280,813	100.0	462,720,762	100.0	448,750,874	100.0	432,423,737	100.0	436,036,157	100.0

(3)　政　府　関　係　機　関

区　分	令和2年度 予算額	構成比	3 予算額	構成比	4 予算額	構成比	5 予算額	構成比	6 予算額	構成比
人　件　費	90,910	3.6	84,023	2.6	84,214	3.3	84,862	3.2	89,306	2.9
旅　　費	5,832	0.2	5,625	0.2	5,628	0.2	5,631	0.2	5,639	0.2
物　件　費	104,518	4.1	80,878	2.5	79,214	3.1	87,223	3.3	93,232	3.0
補助費・委託費	128,667	5.1	244,459	7.6	169,308	6.7	91,969	3.5	72,357	2.4
そ　の　他	2,207,090	87.0	2,818,552	87.2	2,180,873	86.6	2,376,475	89.8	2,800,252	91.5
計	2,537,017	100.0	3,233,537	100.0	2,519,237	100.0	2,646,160	100.0	3,060,786	100.0

（注）　1．6年度を除き，各年度とも補正後予算である。
　　　　2．2年度一般会計の本書は通常分と臨時・特別の措置の合計額，上段（　）書きは通常分の予算額である。

6．租税及び印紙収入予算

(単位　億円)

区　　　分	令和5年度予算額 当初	令和5年度予算額 補正後	現行法（税制改正前）による収入見込額	税制改正による増△減収入見込額	改正法による収入見込額（予算額）	増△減 当初	増△減 補正後
一　般　会　計	694,400	696,110	719,680	△23,600	696,080	1,680	△30
所得税 源泉分	175,150	174,200	162,790	△21,190	141,600	△33,550	△32,600
所得税 申告分	35,330	38,750	39,310	△1,860	37,450	2,120	△1,300
所得税 計	210,480	212,950	202,100	△23,050	179,050	△31,430	△33,900
法　人　税	146,020	146,620	170,940	△480	170,460	24,440	23,840
相　続　税	27,760	31,420	32,920	－	32,920	5,160	1,500
消　費　税	233,840	229,920	238,300	△70	238,230	4,390	8,310
酒　税	11,800	11,800	12,090	－	12,090	290	290
た　ば　こ　税	9,350	9,350	9,480	－	9,480	130	130
揮　発　油　税	19,990	21,000	20,180	－	20,180	190	△820
石　油　ガ　ス　税	50	50	40	－	40	△10	△10
航　空　機　燃　料　税	340	340	320	－	320	△20	△20
石　油　石　炭　税	6,470	6,470	6,060	－	6,060	△410	△410
電　源　開　発　促　進　税	3,240	3,240	3,110	－	3,110	△130	△130
自　動　車　重　量　税	3,780	3,780	4,020	－	4,020	240	240
国　際　観　光　旅　客　税	200	200	440	－	440	240	240
関　税	11,220	9,110	9,170	－	9,170	△2,050	60
と　ん　税	100	100	90	－	90	△10	△10
印紙収入 収入印紙	5,210	5,210	5,220	－	5,220	10	10
印紙収入 現金収入	4,550	4,550	5,200	－	5,200	650	650
印紙収入 計	9,760	9,760	10,420	－	10,420	660	660
交付税及び譲与税配付金特別会計	44,342	45,576	46,896	－	46,896	2,554	1,320
地　方　法　人　税	18,919	19,021	19,750	－	19,750	831	729
地　方　揮　発　油　税	2,139	2,247	2,159	－	2,159	20	△88
石　油　ガ　ス　税（譲与分）	50	50	40	－	40	△10	△10
航　空　機　燃　料　税（譲与分）	152	152	142	－	142	△10	△10
自　動　車　重　量　税（譲与分）	2,864	2,864	3,045	－	3,045	181	181
特　別　と　ん　税	125	125	113	－	113	△12	△12
森　林　環　境　税	－	－	434	－	434	434	434
特　別　法　人　事　業　税	20,093	21,117	21,213	－	21,213	1,120	96
国　債　整　理　基　金　特　別　会　計							
た　ば　こ　特　別　税	1,128	1,128	1,143	－	1,143	15	15
東　日　本　大　震　災　復　興　特　別　会　計							
復　興　特　別　所　得　税	4,420	4,472	3,760	－	3,760	△660	△712
合　　　計	744,290	747,286	771,479	△23,600	747,879	3,589	593

(注)　消費税の税制改正による増△減収入見込額△70億円は，令和6年度税制改正における特例輸入者による特例申告の納期限延長に係る担保要件の見直しによっ
　　て，令和6年度に帰属する予定であった消費税額の一部が，納付時期のずれにより，令和7年度税収に帰属することによるものである。

7．令和6年度地方財政計画（通常収支分）

（歳　入）　　　　　　　　　　　　　　　　　　　　　　（歳　出）　　　　　　　　　　　（単位　億円）

区　分	6年度	5	増減(△)	区　分	6年度	5	増減(△)
Ⅰ　地　方　税	427,329	428,751	△1,422	Ⅰ　給　与　関　係　経　費	202,292	199,053	3,239
Ⅱ　地　方　譲　与　税	27,293	26,001	1,292	(1)　給与費（退職手当を除く）	191,497	187,687	3,810
(1)　地方揮発油譲与税	2,153	2,164	△11	(ア)　義務教育教職員	57,349	55,912	1,437
(2)　石油ガス譲与税	43	50	△7	(イ)　警察関係職員	24,430	23,900	530
(3)　自動車重量譲与税	3,013	2,874	139	(ウ)　消　防　職　員	12,804	12,565	239
(4)　航空機燃料譲与税	143	152	△9	(エ)　一般職員及び義務制以外の教員並びに特別職等	96,914	95,310	1,604
(5)　特別とん譲与税	114	124	△10	(2)　退　職　手　当	10,765	11,329	△564
(6)　森林環境譲与税	641	500	141	(3)　恩　　給　　費	30	37	△7
(7)　特別法人事業譲与税	21,186	20,137	1,049	Ⅱ　一　般　行　政　経　費	436,893	420,841	16,052
Ⅲ　地方特例交付金等	11,320	2,169	9,151	(1)　国庫補助負担金等を伴うもの	251,417	239,731	11,686
Ⅳ　地　方　交　付　税	186,671	183,611	3,060	(ア)　生　活　保　護　費	37,781	37,734	47
Ⅴ　国　庫　支　出　金	158,042	150,085	7,957	(イ)　児　童　保　護　費	12,456	11,860	596
(1)　義務教育職員給与費負担金	15,627	15,216	411	(ウ)　障害者自立支援給付費	36,484	34,510	1,974
(2)　その他普通補助負担金等	113,588	105,911	7,677	(エ)　後期高齢者医療給付費	30,323	29,010	1,313
(ア)　生活扶助費等負担金	13,721	13,555	166	(オ)　介　護　給　付　費	35,702	34,894	808
(イ)　医療扶助費等負担金	13,771	13,912	△141	(カ)　児童手当等交付金	20,372	17,517	2,855
(ウ)　介護扶助費等負担金	844	834	10	(キ)　子どものための教育・保育給付交付金	30,051	29,051	1,000
(エ)　児童保護費負担金	1,438	1,348	90	(ク)　その他の一般行政経費	48,248	45,155	3,093
(オ)　障害者自立支援給付費等負担金	18,242	17,255	987	(2)　国庫補助負担金を伴わないもの	153,861	149,684	4,177
(カ)　児童手当等交付金	15,246	12,199	3,047	(3)　国民健康保険・後期高齢者医療制度関係事業費	14,915	14,726	189
(キ)　公立高等学校授業料不徴収交付金及び高等学校等就学支援金交付金	4,018	4,057	△39	(4)　デジタル田園都市国家構想事業費	12,500	12,500	0
(ク)　子どものための教育・保育給付交付金	16,617	15,948	669	(ア)　地方創生推進費	10,000	10,000	0
(ケ)　その他の補助負担金等	29,691	26,803	2,888	(イ)　地域デジタル社会推進費	2,500	2,500	0
(3)　公共事業費補助負担金	26,377	26,555	△178	(5)　地域社会再生事業費	4,200	4,200	0
(ア)　普通建設事業費補助負担金	26,062	26,251	△189	Ⅲ　公　　債　　費	108,961	112,614	△3,653
(イ)　災害復旧事業費補助負担金	315	304	11	Ⅳ　維　持　補　修　費	15,344	15,237	107
(4)　国有提供施設等所在市町村助成交付金	299	299	0	Ⅴ　投　資　的　経　費	119,896	119,731	165
(5)　施設等所在市町村調整交付金	76	76	0	(1)　直轄事業負担金	5,471	5,522	△51
(6)　交通安全対策特別交付金	487	516	△29	(2)　公　共　事　業　費	50,788	51,072	△284
(7)　電源立地地域対策等交付金	1,123	1,052	71	(ア)　普通建設事業費	50,373	50,671	△298
(8)　特定防衛施設周辺整備調整交付金	413	408	5	(イ)　災害復旧事業費	415	401	14
(9)　石油貯蔵施設立地対策等交付金	52	52	△0	（直轄，補助事業計）	56,259	56,594	△335
Ⅵ　地　　方　　債	63,103	68,163	△5,060	(3)　一　般　事　業　費	29,430	28,699	731
Ⅶ　使用料及び手数料	15,625	15,646	△21	(ア)　普通建設事業費	29,034	28,306	728
Ⅷ　雑　　収　　入	47,182	45,867	1,315	(イ)　災害復旧事業費	396	393	3
Ⅸ　復旧・復興事業一般財源充当分	△8	△3	△5	(4)　特　別　事　業　費	34,207	34,438	△231
Ⅹ　全国防災事業一般財源充当分	△169	60	△229	(ア)　過疎対策事業費	12,156	11,824	332
				(イ)　地域活性化事業費	820	820	0
				(ウ)　旧合併特例事業費	4,049	5,112	△1,063
				(エ)　防災対策事業費	948	948	0
				(オ)　施設整備事業費（一般財源化分）	934	934	0
				(カ)　緊急防災・減災事業費	5,000	5,000	0
				(キ)　公共施設等適正管理推進事業費	4,800	4,800	0
				(ク)　緊急自然災害防止対策事業費	4,000	4,000	0
				(ケ)　脱炭素化推進事業費	1,000	1,000	0
				(コ)　こども・子育て支援事業費	500	－	500
				（地方単独事業計）	63,637	63,137	500
				Ⅵ　公　営　企　業　繰　出　金	23,202	23,974	△772
				(1)　収益勘定繰出金	10,753	10,673	80
				(2)　資本勘定繰出金	12,449	13,301	△852
				Ⅶ　地方交付税の不交付団体における平均水準を超える必要経費	29,800	28,900	900
歳　入　合　計	936,388	920,350	16,038	歳　出　合　計	936,388	920,350	16,038

令 和 5 年 度 補 正 予 算

（令和5年11月29日成立）

令和5年度補正予算（第1号）の概要

Ⅰ．物価高から国民生活を守る　　　　　　　　　　　　　　　　　　27,363億円

1．物価高により厳しい状況にある生活者・事業者への支援　　　　24,807億円

○ 重点支援地方交付金〔低所得世帯向け支援：10,592億円、推奨事業メニュー分：5,000億円〕

○ 電気・ガス・燃料油価格激変緩和措置〔7,948億円〕（既定経費の活用とあわせ3.9兆円規模）　　　等

2．エネルギーコスト上昇に対する経済社会の耐性の強化　　　　　2,556億円

○ 家庭・住宅の省エネ・再エネの推進〔2,399億円*〕（特別会計分とあわせ4,329億円*）　　　等

Ⅱ．地方・中堅・中小企業を含めた持続的賃上げ、所得向上と地方の成長を実現する　　13,303億円

1．中堅・中小企業の賃上げの環境整備、人手不足対応、生産性向上を通じた賃上げ継続の支援　5,991億円

○ 中小企業省力化投資補助制度〔1,000億円〕（中小企業等事業再構築促進事業を再編。既存基金の活用等とあわせ5,000億円規模）

○ 中堅・中小大規模投資補助金〔1,000億円〕　　○ 介護職員等処遇改善〔581億円〕　　　等

2．構造的賃上げに向けた三位一体の労働市場改革の推進　　　　　131億円

○リスキリングを通じたキャリアアップ支援事業〔97億円〕　　　等

3．経済の回復基調の地方への波及及び経済交流の拡大　　　　　　7,181億円

○ 水田の畑地化による畑作物の本作化〔750億円〕　　○ 農林水産物・食品の輸出拡大〔360億円*〕

○ 地方誘客促進によるインバウンド拡大、観光地・観光産業の再生・高付加価値化等〔689億円〕　　　等

Ⅲ．成長力の強化・高度化に資する国内投資を促進する　　　　　　34,375億円

1．生産性向上・供給力強化を通じて潜在成長率を引き上げるための国内投資の更なる拡大　29,308億円

○ ムーンショット型研究開発制度〔2,144億円〕　　○ 特定半導体基金（先端半導体）〔6,322億円〕

○ ポスト5G情報通信システム基盤強化研究開発基金（次世代半導体）〔6,175億円〕（特別会計分とあわせ6,456億円）

○ 安定供給確保支援基金（従来型半導体等）〔2,948億円〕（特別会計分とあわせ5,754億円）

※半導体関連支援策としては、特別会計分及び既存基金の活用とあわせ2兆円規模

○ 工場・事業所・建築物等の省エネ・再エネの推進〔488億円*〕（特別会計分とあわせ1,509億円*）

○ 生成AI用計算資源の整備等〔690億円〕（安定供給確保支援基金（クラウドプログラム）分とあわせ1,856億円）

○ 「GIGAスクール構想」の推進（端末更新等）〔2,761億円〕　　　等

2．イノベーションを牽引するスタートアップ等の支援　　　　　　5,068億円

○ 宇宙戦略基金〔3,000億円〕　　○ グローバル・スタートアップ・キャンパス構想の推進〔581億円〕　　　等

Ⅳ．人口減少を乗り越え、変化を力にする社会変革を起動・推進する　　13,403億円

○ デジタル田園都市国家構想推進交付金〔735億円*〕　　○ 地域公共交通の維持・活性化の推進〔279億円〕

○ 自治体情報システムの標準化・共通化〔5,163億円〕　　○ マイナ保険証の利用促進・環境整備〔887億円〕

○ マイナンバーカードの取得環境の整備等〔899億円〕　　○ 電子処方箋の普及促進・環境整備〔251億円〕

○ 物流の革新の実現に向けた取組〔159億円〕　　○ 認知症関連施策〔409億円*〕

○ 「こども誰でも通園制度（仮称）」の本格実施を見据えた試行的事業〔91億円〕　　　等

Ⅴ．国土強靱化、防災・減災など国民の安全・安心を確保する　　　42,827億円

○ 災害復旧〔4,259億円〕　　○ 自衛隊等の安全保障環境の変化への適切な対応等〔8,080億円〕

○ 防災・減災、国土強靱化対策（公共事業関係）〔13,022億円*〕（公共事業関係費全体では2.2兆円*）

○ 新型コロナウイルス感染症緊急包括支援交付金（病床の確保等）〔6,143億円〕　　○ 花粉症対策〔60億円〕

○ アジア（ASEAN等）、島嶼国、中東、アフリカ等グローバルサウスにかかる支援・連携強化〔3,182億円〕

○ ウクライナ及び周辺国への支援〔1,481億円〕　　○ 性犯罪・性暴力被害者支援の強化〔29億円〕　　　等

■ 一般会計補正予算の追加歳出　　　　　　　　　　　　　　　131,272億円

■ 定額減税による「還元策」及びその関連経費との合計　　17兆円台前半程度

＊　他の柱に整理されている事業も含んだ金額
（参考1）上記追加歳出の財源の一部として、新型コロナウイルス感染症及び原油価格・物価高騰対策予備費並びにウクライナ情勢経済緊急対応予備費を合計2.5兆円減額して活用する。
（参考2）令和5年度補正予算（第1号）においては、上記経済対策関係経費に加え、燃料購入費等の追加財政需要〔4,460億円〕等を計上。
（参考3）上記のほか、エネルギー対策特別会計において11,652億円の歳出追加等を計上。

第212回国会における鈴木財務大臣の財政演説

令和5年11月20日

先に閣議決定いたしました「デフレ完全脱却のための総合経済対策」を受けて，今般，令和五年度補正予算を提出することといたしました。その御審議をお願いするに当たり，補正予算の大要について御説明申し上げます。

（はじめに）

日本経済につきましては，コロナ禍の三年間を乗り越えて改善しつつありますが，輸入物価の上昇に端を発する物価高の継続は，国民生活を圧迫し，回復に伴う生活実感の改善を妨げています。

こうした認識の下，十一月二日に，「デフレ完全脱却のための総合経済対策」を閣議決定いたしました。

総合経済対策は，変革を力強く進める「供給力の強化」と，不安定な足元を固め，物価高を乗り越える「国民への還元」の二つを「車の両輪」として，「新しい資本主義」の実現に向けた取組を更に加速するためのものです。

具体的には，物価高から国民生活を守ること，地方・中堅・中小企業を含めた持続的賃上げ，所得向上と地方の成長を実現すること，成長力の強化・高度化に資する国内投資を促進すること，人口減少を乗り越え，変化を力にする社会変革を起動・推進すること，国土強靱化，防災・減災など国民の安全・安心を確保することに取り組んでまいります。

（令和五年度補正予算の大要）

次に，総合経済対策の実行等のために今国会に提出いたしました令和五年度補正予算の大要について申し述べます。

一般会計につきましては，歳出において，総額で約十三兆二千億円を計上しております。

その内容としては，総合経済対策に基づき，「物価高から国民生活を守る」ための経費として約二兆七千四百億円，「地方・中堅・中小企業を含めた持続的賃上げ，所得向上と地方の成長を実現する」ための経費として約一兆三千三百億円，「成長力の強化・高度化に資する国内投資を促進する」ための経費として約三兆四千四百億円，「人口減少を乗り越え，変化を力にする社会変革を起動・推進する」ための経費

として約一兆三千四百億円，「国土強靱化，防災・減災など国民の安全・安心を確保する」ための経費として約四兆二千八百億円を計上しております。また，国債整理基金特別会計への繰入として約一兆三千百億円，地方交付税交付金として約七千八百億円，その他の経費として約一兆四千九百億円を計上するとともに，既定経費を約三兆五千百億円減額しております。

歳入においては，税収について，最近までの収入実績等を勘案して約千七百億円の増収を見込んでおります。また，税外収入について，約七千六百億円の増収を見込むほか，前年度剰余金約三兆三千九百億円を計上しております。

以上によってなお不足する歳入について，公債を約八兆八千八百億円発行することとしております。

この結果，令和五年度一般会計補正後予算の総額は，一般会計当初予算に対して歳入歳出ともに約十三兆二千億円増加し，約百二十七兆五千八百億円となります。

また，特別会計予算につきましても，所要の補正を行っております。

財政投融資計画につきましては，総合経済対策を踏まえ，成長力の強化・高度化に資する国内投資の促進や，国民の安全・安心の確保等の取組を推進するため，約八千九百億円を追加しております。

（むすび）

以上，令和五年度補正予算の大要について御説明申し上げました。

現在，コストカット型の経済から三十年ぶりの変革を果たすまたとない機会を迎えております。この機会を活かし，物価上昇を乗り越える構造的な賃上げと攻めの投資の拡大によって消費と投資の力強い循環につなげていく必要があります。そのため，本補正予算の一刻も早い成立が必要であります。

何とぞ御審議の上，速やかに御賛同いただきますようお願い申し上げます。

令和５年度補正予算の説明

　令和５年度補正予算については，財務省ホームページにて公開中の「令和５年度補正予算（第１号及び特第１号）等の説明」をご参照ください。

○「令和５年度補正予算（第１号及び特第１号）等の説明」の閲覧方法について
「財務省ホームページ」→【政策一覧】のうち「予算・決算」→【毎年度の予算・決算】のうち「予算」→「令和５年度予算」→【補正予算：国会提出、審議開始】のうち「令和５年度補正予算（第１号及び特第１号）等の説明」

○URL
https://www.mof.go.jp/policy/budget/budger_workflow/budget/fy2023/20231120.html

（参考）令和5年度一般会計歳出予算補正目的別

（単位　百万円）

事　　　　　項	5年度当初予算額	補　　正　　額 追加額	修正減少額	差引額	改5年度予算額
国　家　機　関　費	5,124,713	1,594,275	△24,977	1,569,299	6,694,012
1. 皇　　　　室　　　　費	6,707	−	−	−	6,707
2. 国　　　会　　　費	127,105	6,087	△768	5,319	132,424
3. 選　　　挙　　　費	270	−	−	−	270
4. 司法，警察及び消防費	1,532,657	151,342	△4,894	146,447	1,679,104
5. 外　　　交　　　費	778,493	342,282	△898	341,383	1,119,876
6. 一　般　行　政　費	1,927,402	1,080,959	△11,995	1,068,964	2,996,366
7. 徴　　　税　　　費	735,219	13,100	△6,421	6,679	741,898
8. 貨　幣　製　造　費	16,861	506	−	506	17,367
地　方　財　政　費	16,474,893	781,984	△131	781,853	17,256,746
1. 地　方　財　政　調　整　費	16,399,176	781,984	−	781,984	17,181,159
2. そ　　　の　　　他	75,717	−	△131	△131	75,587
防　衛　関　係　費	6,803,940	813,049	△1,178	811,871	7,615,812
国土保全及び開発費	6,155,677	2,028,923	△3,174	2,025,749	8,181,426
1. 国　土　保　全　費	1,109,840	429,941	△821	429,120	1,538,960
2. 国　土　開　発　費	4,736,605	1,180,308	△2,037	1,178,271	5,914,876
3. 災　害　対　策　費	78,148	403,674	−	403,674	481,822
4. 試　験　研　究　費	54,735	11,238	△46	11,192	65,927
5. そ　　　の　　　他	176,349	3,762	△270	3,492	179,841
産　業　経　済　費	2,631,844	4,237,342	△6,787	4,230,554	6,862,398
1. 農　林　水　産　業　費	1,399,782	444,951	△5,092	439,859	1,839,641
2. 商　工　鉱　業　費	952,770	3,551,499	△603	3,550,896	4,503,667
3. 運　輸　通　信　費	193,837	226,411	△1,092	225,319	419,156
4. 物資及び物価調整費	85,455	14,480	−	14,480	99,935
教　育　文　化　費	5,144,031	1,424,328	△553	1,423,774	6,567,805
1. 学　校　教　育　費	3,856,583	314,114	△274	313,840	4,170,423
2. 社会教育及び文化費	151,427	33,487	△158	33,329	184,755
3. 科　学　振　興　費	1,135,482	1,073,862	△121	1,073,741	2,209,223
4. 災　害　対　策　費	539	2,865	−	2,865	3,404
社　会　保　障　関　係　費	37,476,138	1,679,061	△82,093	1,596,968	39,073,106
1. 社　会　保　険　費	27,269,767	157,502	△7,667	149,835	27,419,602
2. 生　活　保　護　費	2,831,963	1,170	△2,817	△1,647	2,830,316
3. 社　会　福　祉　費	3,725,289	152,384	△1,323	151,062	3,876,351
4. 住　宅　対　策　費	156,148	177,464	0	177,464	333,612
5. 失　業　対　策　費	25,944	1,528	−	1,528	27,473
6. 保　健　衛　生　費	840,266	1,137,549	△881	1,136,668	1,976,933
7. 試　験　研　究　費	66,512	8,702	△759	7,943	74,454
8. 災　害　対　策　費	3,847	13,402	−	13,402	17,249
9. そ　　　の　　　他	2,556,402	29,360	△68,647	△39,286	2,517,116
恩　　　給　　　費	95,989	284	△346	△62	95,927
1. 文　官　恩　給　費	3,870	−	−	−	3,870
2. 旧軍人遺族等恩給費	85,194	−	−	−	85,194
3. そ　　　の　　　他	6,924	284	△346	△62	6,862
国　　　債　　　費	25,250,340	1,314,728	△890,305	424,423	25,674,763
原油価格・物価高騰対策及び賃上げ促進環境整備対応予備費	4,000,000	−	△500,000	△500,000	2,000,000
ウクライナ情勢経済緊急対応予備費	1,000,000	−	△2,000,000	△2,000,000	500,000
予　　　備　　　費	500,000	−	−	−	500,000
そ　　　の　　　他	3,723,670	2,835,027	△293	2,834,735	6,558,405
1. そ　の　他　行　政　費	64,070	31,863	△284	31,579	95,649
2. そ　　　の　　　他	3,659,601	2,803,165	△9	2,803,155	6,462,756
合　　　　　計	114,381,236	16,709,002	△3,509,837	13,199,164	127,580,400